王廷洽 · 编著

中华历代国宝之谜

陕西新华出版 三秦出版社

图书在版编目（CIP）数据

中华历代国宝之谜 / 王廷洽编著. -- 西安 ：三秦
出版社， 2008.04（2024.1 重印）
（国学百部文库）
ISBN 978-7-80736-367-5

Ⅰ. ①中… Ⅱ. ①王… Ⅲ. ①文物－中国－通俗读物
Ⅳ. ① K87-49

中国版本图书馆 CIP 数据核字（2008）第 027084 号

书　　名	中华历代国宝之谜
作　　者	王廷洽 编著
责　　编	韩宏伟
封面设计	新华智品

出版发行	三秦出版社
社　　址	西安市雁塔区曲江新区登高路 1388 号
电　　话	（029）81205236
邮政编码	710061
印　　刷	北京一鑫印务有限责任公司
开　　本	680×1020　1/16
印　　张	9
字　　数	186 千字
版　　次	2008 年 4 月第 2 版
印　　次	2024 年 1 月第 2 次印刷
标准书号	ISBN 978-7-80736-367-5

| 定　　价 | 39.80 元 |
| 网　　址 | http://www.sqcbs.cn |

前　言

　　作为一个古老的民族能屹立于世界民族之林，是基于它数千年积淀的丰富而深沉的文化底蕴；而文化主要是从物质方面来认识的。然而，文物又是物质文化的载体，每一件文物本身又凝聚了设计者的思想观念和制作者精湛的技艺，能反映社会和时代的习俗和风貌，是历史的见证，科学技术的见证，艺术的见证，文明成就的见证。正是由于传世或出土的文物凝聚了历史、艺术、科学和风俗等诸方面的价值，引起了学术界的关注和人们收藏的兴趣，具有特别重大价值的文物还可以称为"国宝"。

　　盛世出宝物。中国经历了百年沧桑后迎来了一个太平盛世。社会各界对文物工作十分重视，博物馆的建设飞速发展，以往仅限于达官贵族的爱好与收藏，现在人民大众也有机会亲眼目睹各种各样美轮美奂的中华珍宝。为了让民众能了解国宝，增强爱国心，现在各种媒体的宣传力度是很大的，如报刊、书籍、电视台、电台、网络等，都有其相关的知识。可是有些知识是陈旧的、不真实的，这就需要读者在阅读时，对这些媒体传播的知识要有所鉴别。

　　本书虽然名为《中华历代国宝之谜》，可是由于限于体例的要求，必须具有一定的"谜"，决定了它仅是介绍一些中华历史上比较重要物质文化的通俗读物。既然是通俗读物，就要以讲故事为主，要有趣味性，要有知识性，要通俗易懂。

　　然而，究竟什么是谜呢？某器物未见记载，而突然冒了出来，可以认为是谜；某器物本来见于记载的，后来又下落不明，也是一种谜；人们对某器物有多种不同的解释是一种谜；某器物经过多少收藏家历尽千辛万苦的收藏、保护是一种谜；某器物的真伪争论也是谜……有些谜已经解开，有些谜则尚在探索中；有些谜可能永远无法水落石出，有些谜则有可能随着时间的推移、研究的深入、新的考古发现等，会在将来找到答案——谜是多种多样的。

　　在众多的同类读物面前，本书的写作坚持做了以下几个方面的工作：一是尽可能介绍新的考古发现和其他新发现，如《圆明园四十景图》；二是反映了作者部分最新的研究成果，如作者认为秦始皇根本没有制作过什么传国玺，而是他的六方实用玺在汉朝代代相传而有了"传国玺"之名；三是在众多已有观点的基础上提出新见解，如大禹铸九鼎的问题，根据史书记载则有之，而至今未见实物，作者从"革故鼎新"的成语得到启发，认为夏有九鼎，商汤灭夏，获得夏九鼎，毁夏九鼎乃是殷革夏命的一项措施；四是有选择地介绍作者的所见所闻，而这些见闻往往于其他信息媒体不易读到，如国民政府在九一八事变后组织的故宫文物大迁移。

总之，我们在坚持做了以上这些努力后，本书也就具有一定的价值。当然，缺点和错误是在所难免的，敬请读者批评指正。

编　者
2008 年 8 月

目　录

故　宫

玉　器

陶　瓷

金属器皿

碑　刻

故　宫

故宫建筑数量之谜

故宫是世界上规模最大、保存最完整的古代宫殿建筑群，其本身就是中华国宝，也是杰出的世界文化遗产。故宫为何又称紫禁城？它究竟有多少间房屋？哪些宫殿被称为"三宫"？哪一所宫殿是"冷宫"？故宫各门匾额上的"门"字最后一笔为何不钩起？故宫究竟是哪位建筑大师设计的？这一个个谜能不能找到答案呢？

故宫是在元大都的基础上，经明清统治者扩建、修葺而成的。作为明清两代的皇宫，若从明成祖永乐十八年（1420）正式定都北京算起，迄今已历经580多年的沧桑岁月。故宫曾居住过24个皇帝，既是朝廷举行大典和君臣议政、处理政事、行使权力的场所，也是皇帝和后妃、皇子们居住、游玩的地方。3000米长、10米高的宫墙，包裹着宫室、园囿、祭坛、寺观及王府等，俨然是一座森严壁垒的城堡，也是世界上现存规模最大、保存最完整的古代宫殿建筑群，集中体现了中国古代建筑技术和艺术的最高水平和优秀传统。1961年国务院把故宫定为全国第一批重点文物保护单位。1987年联合国教科文组织把故宫列入"世界文化遗产"名录。故宫的建筑群本身就是中华国宝。然而，就是紫禁城宫殿建筑群却留下了一个个不解之谜。

故宫又称为紫禁城。为什么把皇宫称为紫禁城呢？我国古代天文学家将天上的星宿分为三垣、二十八宿和其他星座。三垣指太微垣、紫微垣和天市垣。"紫"是指紫微垣。紫微垣居三垣之中，又称紫微宫、紫宫，古人认为是天帝居住的地方。秦始皇造咸阳宫，就曾命名为"紫霄宫"，把他的宫殿比拟于天帝的居所。"太平天子当中坐，清慎官员四海分"。皇帝以天帝之子自居，办理朝政与日常居住的地方也就成了天下之中。"禁"指禁区，强调皇宫的无比尊严。明清社会等级森严，皇宫是最高级别的"禁区"，就连官员也不是可以随便进出的，便用"禁"字来警示。另外，故宫中各宫各殿的名称都有出典和一定的含义，如"乾清宫"和"坤宁宫"。"乾"、"坤"二字就是出自《易经》。"乾"指天，属阳；"坤"指地，属阴。乾清宫意味着上天清朗，皇帝清健；坤宁宫则含有大地安宁、后妃太平之意。东西六宫及其他诸宫殿也都分别象征着天上的十二星辰和各个星座。所起的宫殿名都有深刻的含义。

太和殿

故宫内究竟有多少间房子？也是近年进行实地勘测才获知有8600余间，既然是实地勘测的，为什么还要用"余"字呢？据说实在是多得数不清，然而那次勘测的科学性也值得怀疑。据说故宫的总管也从来没有搞清楚究竟有多少间房子，一说有9999间房，一说有9999间半。为何有半间呢？故弄玄虚嘛。另有传说，明太祖朱元璋将次子朱棣封为燕王后，曾派刘伯温去大都修建燕王府。皇上和燕王打算把王府扩建，把房子造得大一点、多一些，要特别显示燕王华贵和尊严。刘伯温一见皇上就说："启奏万岁，臣昨夜梦见玉皇大帝把臣召到凌霄殿上，天帝说：'你朝皇帝要修盖皇宫，转告他：天宫宝殿一千间，凡间宫殿万不可超过天宫！还要请三十六天罡、七十二地煞去保护凡间皇城，才能够风调雨顺国泰民安。'天帝说完，就喷过来一阵白茫茫的香雾，把臣熏醒了。"皇上虽觉奇怪，仍下旨叫刘伯温去监造，还要他去请天罡、地煞来保护宫殿。此事很快传遍了北京城，老百姓都想看刘伯温怎样修盖王宫，也想知道天罡、地煞是何方神仙。刘伯温经若干年的努力，把宫殿建成了。皇上和燕王看到宫殿盖得华贵，虽不满千间，但也鳞次栉比，院里金光闪闪，好像有神仙镇守。外邦听说刘伯温请了天神三十六天罡、七十二地煞保护皇城，也就不敢兴兵作乱了。后来人们才知道，原来故宫里的房子有999间半；三十六天罡就是宫殿门口摆着的三十六口包金大缸；七十二地煞就是故宫里的72条地沟。可是999间半的房屋怎么变成了9999间的，差距甚大。这一则保存在《燕京传说》里的故事，当然只是传说而已。

不过皇室人员众多，确实需要很多房子。我们通常都知道皇帝妻妾众多，所谓"三宫六院七十二妃"。根据记载，天子的后妃制度形成于周朝。《礼记·昏义》："古者天子后立六宫、三夫人、九嫔、二十七世妇、八十一御妻，以听天下之内治，以明章妇顺。"故宫中路乾清宫、交泰殿、坤宁宫称为"三宫"。六院指东路的斋宫、景仁宫、承乾宫、钟粹宫、景阳宫及永和宫六宫。皇帝有"七十二妃"，或"粉黛三千"，有居住之处，并不拥有宫殿，由皇上随心所欲地挑选。"宫中多怨女"，多少青年女子被关进宫内，终生不得自由！失宠的女子便在宫中等死，更为悲惨！有"过失"的女子被打入冷宫！"冷宫"历来有两种说法，一说即乾清宫、长春宫；一说"冷宫"无定所，关禁妃子、皇子的地方便称"冷宫"。其实紫禁城内并无"冷宫"匾额，后一种说法较为可靠。明、清两代被作为"冷宫"的地方有好几处。明末天启皇帝的成妃李氏得罪了权势赫赫的太监魏忠贤，便由长春宫赶到御花园西面的乾西。先后被幽居乾西的还有定妃、恪嫔等人。光绪皇帝的珍妃被慈禧关在景祺阁北边北三所（现已坍毁），就在现在能看到的珍妃井西边的山门里，此地也算是一处"冷宫"。

大凡去北京旅游的人都会被许多门所困惑。故宫高墙东西两侧的日精门与月华门象征着日月争辉。太微垣南有三颗星被天文学家视为端门、左掖门、右掖门三座门。紫禁城与此相应，前面设立端门、午门，东西两侧设立左、右掖门。午门与太和门之间蜿蜒穿过的金水河象征着天宫的银河。有些门还有特殊的意义，如德胜门的"德"字同"得"，皇帝派出的军队要从德胜门出发，打了胜仗回来，皇帝也从德胜门迎接。德胜门类似于西方国家的凯旋门。我们还会发现故宫各门匾中楷书"门"字末笔直下至底而不向上勾。这种写法据说始于宋代。南宋迁都临安后，玉牒殿失火，有大臣上奏说是宫殿匾额中的"门"字末笔有勾，属火笔，因此招火。建议将匾额全部烧掉，另写新匾，门字末笔都不能勾起。从此以后凡书写宫殿匾额的"门"字，其末笔都直下而不勾。据说明太祖在南京命中书詹希原写太学集贤门匾，所写楷书"门"字的末笔勾起，明太祖大发雷霆说：我要招贤，你詹希原要闭门，塞我贤路！遂下令斩之。原来门字末笔起勾还有关门之意。

像故宫这样宏伟的建筑群，如此浩大的工程，由谁设计，是谁主持施工的？也是一个难解的历史之谜。因为皇帝是不尊重知识产权的，"率土之滨，莫非王臣"，负责设计、主持施工的大臣难道还要留下大名不成？所以故宫的建筑上没有像现代建筑那样明确地刻上建于何年，由何人设计等字样。学者们根据点滴记载进行考证，目前大多数人认为故宫是明代一位杰出的匠师，人称"蒯鲁班"的蒯祥设计的。另一种意见认为，曾经参加建造南京宫殿的蒯祥不是故宫的设计者，只是故宫的施工主持人。因为永乐十五年紫禁城开始进入大规模施工时，蒯祥才随朱棣从南京来到北京，开始主持宫殿的施工。在蒯祥到北京之前，蔡信已主持故宫和北京城的规划、设计和建造了。故宫真正的设计人应该是名不见经传的蔡信。

作为中华国宝的故宫建筑群里面蕴藏了多少谜，尚等待着人们去探索。

圆明园四十景之谜

被法国传教士王致诚誉为"万园之园"、"无上之园"的圆明园，因先后遭到英法联军和八国联军的破坏和盗抢，现在仅留下几处残垣断壁。圆明园的毁灭，不仅国人为之痛惜，而且凡是有良心的外国人也纷纷谴责侵略者的野蛮行径。由于乾隆皇帝时宫廷画师绘制的《圆明园四十景咏图》已被法国入侵者盗走，致使中国人连"画饼充饥"也成了泡影。幸得有爱国人士出巨资购回了图版和印制权，才使我们对圆明园有了初步的感性认识。

人们通常把皇家的禁苑、王府也视为故宫的一部分。圆明园为雍正皇帝的私人府邸，它的营造始于雍亲王胤禛时期完成于乾隆朝。1709年，康熙皇帝把废弃的明朝一处府邸赐给皇四子，并亲书改名后的"圆明"匾额。雍亲王得到赏赐后便进行了精心的规划和修葺扩建，及其成为皇帝后，圆明园已经成为占地5200余亩、周长30里的皇家第一御花园。雍正帝在位的时间虽然不长，但是御苑的建设已经基本定格了。乾隆帝子继父业，继续营造这所极尽富丽堂皇的禁苑，尤其是他每次下江南后，就将一些名胜仿建于园中。嘉庆皇帝也曾采购了大量紫檀木，为宫殿配制家具。公元1743年11月1日，法籍教士王致诚在游览了圆明园后，在他由北京寄回法国的信中称赞圆明园为"万园之园"、"无上之园"。

据记载，圆明园拥有140余所殿庭楼阁、上百处新奇秀美的风景点。好风景原定为30多处，至乾隆九年才确定为40处，并由宫廷画师绘制了《圆明园四十景咏图》。可是在第二次鸦片战争期间，英法联军攻进紫禁城，法国入侵者盗走了此图，圆明园后来又毁于八国联军的炮火，以至于国人难以知晓这座全世界名园中优秀的四十处景点。

乾隆元年，刚继位的弘历就下令画院将圆明园最突出的风景绘制成图，乾隆帝亲为各风景咏诗一首。乾隆三年(1738)，他又命宫廷画师沈源、唐岱绘制高8尺、宽3丈2尺的巨幅《圆明园全景图》，于此年的农历五月十一日裱贴于圆明园四十景之一"九洲清晏"的清晖阁北壁。乾隆九年，冷枚、沈源、唐岱和周鲲等奉旨绘制的《圆明园四十景咏图》成，乾隆十一年装裱完毕，后珍藏于圆明园的正大光明殿内。四十景每景一图，每图高2尺、宽2尺4寸(装裱后卷心为64×65厘米，连装池绫边为83×75厘米)，细绢，设色。山水、楼台亭阁、树木花卉、飞禽走兽都用极精细的工笔画成，高雅艳丽。乾隆帝仍为每一景咏诗一首，由著名书法家汪由敦以工楷分别写于每一幅细绢上，尺寸同画。装裱成卷后，题咏在前，画在后，整卷《圆明园四十景咏图》长达20余米。

乾隆帝的咏诗前都写有一小序，记该景特点，如他咏"正大光明"曰："园南出入贤良门，内为正衙，不雕不绘，得松轩茅殿意。屋后峭石壁立，玉筍嶙峋。前庭虚敞四望。墙外林木阴湛，花时霏红叠紫，层映无际。"在小序之后便是一首五言诗，曰："胜地同灵囿，遗规继畅春。当年成不日，奕代永居辰。认府庭罗璧，恩波水泻银。草青思示俭，山静体依仁。只可方衢室，何须道玉津。经营惩峻宇，出入引贤臣。(乾隆自注：'出入贤门，匾额皇考御笔也')洞达心常豁，清凉境绝尘。常移去馆跸，未费地官缗。生意荣芳树，天机跃锦鳞。宜堂弥廑念，俯仰畅心频。"1860年英法联军攻入紫禁城，在皇宫中大肆抢掠和破坏。《圆明园四十景咏图》被法国入侵者掠夺后献给法皇拿破仑三世，现藏法国国家图书馆。法国曾制版印制过此画，2004年北京中国东方威龙文化艺术有限公司花巨资向法国国家图书馆购回原版，在国内限量印制了2004卷。由于此图得以重见，不仅使我们了解到题咏、绘画、书法都有极高的艺术价值，而且使我们知道四十景的基本情况。四十景为：

正大光明	勤政亲贤	九洲清晏	镂月开云	天然图画
碧桐书院	慈云普护	上下天光	杏花春馆	坦坦荡荡
茹古涵今	长春仙馆	万方安和	武陵春色	山高水长
月地云居	鸿慈永祜	汇芳书院	日天琳宇	澹泊宁静
映水兰香	水木明瑟	濂溪乐处	多稼如云	鱼跃鸢飞
北远山村	西峰秀色	四宜书屋	方壶胜境	澡身浴德

平湖秋月　　蓬岛瑶台　　接秀山房　　别有洞天　　夹镜鸣琴

涵虚朗鉴　　廓然大公　　坐石临流　　曲院风荷　　洞天深处

初三十三景，乾隆六年增入方壶胜境、慈云普护、蓬岛瑶台三景，乾隆九年又增鸿慈永祜、汇芳书院、洞天深处和月地云居四景。

根据《圆明园四十景咏图》的实景图、景点名称、乾隆帝的小序和所题诗词，我们大致可以了解到以下一些情况。从景点设置的功用来看，有些是供皇帝批阅奏章、同大臣们商议国家大事的殿堂，如"正大光明"、"勤政亲贤"等；有些景点是皇子皇孙们读书的地方，如"碧桐书院"、"四宜书屋"等；有些是宿卫的武士比武的场所，如"高山流水"；有些是供皇室进行宗教信仰活动的建筑，类似于寺庙和道观，如"月地云居"、"日天琳宇"等；当然更多的景点是供皇室及亲近贵族游玩歇憩的。从景点建设的构思来源言之，有仿用水力装置的景点，如"水木明瑟"的序曰："用泰西水法引入室中，以转风扇"；有的是按照古代的绘画作品而建成的，如"蓬岛瑶台"，其序曰："福海中作大小三岛，仿李思训画意，为仙山楼阁之状"；有的是领会了诗人某诗的诗意而造的建筑物，如"夹镜鸣琴"，其序曰："取李青莲'雨水夹明镜'诗意，架虹桥一道，上构杰阁，俯瞰澄泓，画栏倒映，旁崖悬瀑水，冲激石鳞，玲琮自鸣"；有仿西湖著名风景景点的，如"平湖秋月"、"曲院风荷"，等等；当然还有依照全国各地名胜而建设的景点。从风景的特点来看，有以当地山水特点而取胜的，有以树木花草为要领的，有以突出建筑物的，有广植农作物的，有流水静湖和鱼凫。无论是以自然风光取胜，还是人工建造的建筑物也好，总之是楼阁与山体共矗，湖水同云天一色。任何绚丽的篇章也无法描述这座"园中之园"、"无上之园"的完美。

虽然笔者得以一睹《圆明园四十景咏图》为快，并希望能通过出版物介绍给广大读者，然笔者一方面感叹自己的才疏学浅、文笔不美，另一方面更感叹的是这座本来应该属于全人类文明的名园，却被强盗毁灭于一旦。在欣赏《圆明园四十景咏图》之余，不免有画饼充饥之意。

清朝皇室网罗珍宝之谜

一个文明古国，同时也是一个文物大国。自西周以下的各朝各代都进行古物的收藏，而以清朝为集大成者。清朝诸帝中尤以乾隆时期的收藏和研究为甚，他还为收藏和撰写专著下过圣旨，组织专家对各类器物进行研究和著述，如关于铜器有《西清古鉴》、《西清续鉴甲编》、《西清续鉴乙编》和《宁寿鉴古》，关于书法和绘画作品编著有《石渠宝笈》等。可是终清之世有没有完成对所有藏品的著录，这已是难以弄清的谜。

金钟　高25厘米，口径16.5厘米，重4500克。清宫旧藏。

中国是一个文明古国，同时具有悠久的收藏历史。《周礼》就记载了西周设有天府，把用于祭祀的玉器当作宝物收藏，说："天府掌祖庙之守藏与其禁令。凡国之玉镇大宝器，藏焉。若有大祭大丧，则出而陈之。既事，藏之。"其实先秦时代的统治者除了收藏玉器外，也珍藏各种青铜礼器和其他珍宝。《战国策·燕策二》记载：名将乐毅率燕国军队大破齐国后，"珠玉财宝车甲珍器尽收入燕，大吕陈于元英，故鼎反乎历室，齐器设于宁台"。大吕指乐器，元英为燕国宫殿名，历室为燕国宗庙名。反映了春秋战国时期的各国都有收藏。秦始皇一统天下，尽收各国奇器珍宝，曾专门派一支军队去迁周朝保存的九鼎。西汉废除"挟书律"，号令天下民众献书，并将民众所献之书藏于秘府。汉武帝时得宝鼎于汾水上，因此改年号为"元鼎"。魏晋南北朝虽然是动荡的时代，但各王朝也有收藏。唐太宗李世民特别喜爱王羲之的书法作品，据说他收藏的王字竟多达3000余纸，当然他也收藏前代的绘画作品和其他珍宝。宋朝不仅有大量的收藏，还编著了不少考古、鉴赏类的书籍，使收藏和文物研究走上科学的道路。明朝皇室也进行了大量的收藏，可是没有对藏品作过著录。

清朝皇室的收藏可以说是集历朝的大成者，尤其是乾隆帝，一方面进行大量的收藏，另一方面组织大臣进行研究、整理和著录，比如乾隆十四年旨谕大臣们将宫中所藏的铜器编著成《西清古鉴》，其后又有大臣进献及购于市者，又写成了《西清续鉴甲编》、《西清续鉴乙编》和《宁寿鉴古》；有关书法作品和绘画作品的收藏则编有《石渠宝笈》，有关砚台的收藏则编有《西清砚谱》，钱币收藏则有《钱录》，等等。可是，终乾隆朝，并没有完成故宫中所有的收藏品的著录。乾隆帝有时也会把一些珍宝赏赐给王公大臣，如把西晋陆机的《平复帖》赐给成亲王永瑆。更何况嘉庆、道光诸帝也皆有收藏，却不见著录。到了晚清，官员和太监进行偷窃，或有不经意的损坏，以至于后来对于故宫究竟收藏了哪几类珍宝，其数量究竟有多少，一度是人们无法了解的谜。

乾隆十四年的圣旨保存在《西清古鉴》中。圣旨冠冕堂皇地说故宫中的铜器有三个来源，即宫中所藏、大臣进献和购于市者。所谓宫中所藏，当然是指他当皇帝前的收藏，也就是有明朝皇宫的收藏，以及他的父亲、祖父、曾祖父的收藏。乾隆在位时间最长，天下最太平，财政最富裕，而且也是一个最喜爱文物的皇帝，因此大臣进献的珍宝和购于市的古董也最多。事实上清朝对大小金川用兵、征服蒙古、建立新疆省，掠夺了不少其他民族的器物，如平定金川时获得蕃剑、"董卜韩胡宣尉使司印"（董卜韩胡为明朝三十六番之一，也称孟董番。永乐皇帝设宣慰使司都指挥同知，并授此印）等。还有一类文物是出土的，如元朝的"制诰之宝"（黄金质、龙火轮钮，通高5寸8分、重220两）就是出土于鄂尔多斯的哈图山山脚下的乱沙中，然后由理藩院上折进呈。乾隆帝也把此类出土的文物归入大臣进献之类。其实还有巧取豪夺的，而从乾隆帝看来，都是付了银子的，于是都归之于"购于市者"。总之，在乾隆朝，故宫的收藏确实大量增加。

乾隆帝既要大臣们按照北宋《宣和画谱》、《博古图》等考古类图书的体例编撰各类古器物的图书，还要求随着内府新入藏古器物的增加，对这类书籍进行扩充、完善。《西清古鉴》成书30年后，乾隆帝就又下令续写古鉴。同时，他也亲自参与鉴定和考古，使故宫收藏的各类古董都有一个正确的勘定。曾经有一件青铜器一度被误认为是商周时期的，后经乾隆仔细辨认，最后确定为唐代回纥铜器，从而澄清了这件器物历史。

虽然乾隆帝和他的大臣都善于鉴古，但也有出错的时候。如《富春山居图》是黄公望为师弟无用师所作，无用师自然是此图的首位拥有者，图上留下了"无用师"印。几经转手，1746年被嗜爱书画的乾隆帝收进清宫内府。乾隆帝对其爱不释手，视为《石渠宝笈》的上等品，并钤上"乾隆御览之宝"、"石渠宝笈"、"乾隆鉴赏"、"三稀堂清鉴玺"、"宜子孙"等五印。可是事隔二年，地方官吏又呈送了一幅与真作一模一样的《富春山居图》。肯定有一幅是伪作，乾隆帝经过仔细比较鉴定后，把第一幅定为真迹，后献的一幅定为赝品。由于赝品简直可以达到以假乱真的地步，乾隆帝把它们都收进了内府珍藏。乾隆帝的鉴定结论维持了近200年，后来终于被近代画家吴湖帆所推翻。经过美术界几十年来的争论，最终公认钤有乾隆皇帝印的为伪，地方官吏所献的反而为真，同时指出伪的亦具有很高的艺术价值。至今真伪二卷均藏于台北故宫博物院。虽然乾隆朝不乏古字画的鉴定高手，但乾隆君臣还是不得不发出无奈的感叹："鉴别之难矣！"

当然，有关清皇室的收藏情况，最应该是由推翻清朝的民国政府做清理和登记。末代皇帝溥仪离开紫禁城皇宫后，由发动"北京政变"的冯玉祥将军控制了北京地区的军政大权，就组织了一批大学教授、学者和大学生进行清点、登记。清点工作进行了近一年，并于1925年公开出版了28册《清室善后委员会点查报告》。据统计有117万余件，包括青铜器、玉器、书画、陶瓷、珐琅、漆器、金银器、竹木牙角匏、金铜宗教造像以及大量的帝后妃嫔服饰、衣料和家具等，还有大量图书典籍、文献档案。

伪满政权盗取故宫珍宝之谜

1945年日本投降后，伪满政权也随之垮台。伪满皇宫中的许多珍宝很快流散到民间，中外古董商和国民党军政要员趋之若鹜，不惜重金购买。按历史事实，民国政府建立后，清朝末代皇帝溥仪被限居在故宫的后园内，1924年又被赶出北京。然而长春的伪满皇宫为何会藏有许多珍宝？溥仪成

1945年日本帝国主义投降后，"满洲帝国"皇帝爱新觉罗·溥仪成为苏联红军的俘虏。伪满皇宫收藏的许多珍宝流散到民间，由北而南，长春、沈阳、北京、天津、上海等大城市的古董商、收藏家都瞄准了从皇宫流出来的书画作品，连国民党的军政要员也不惜重金作收藏，外国的商人、收藏家也闻讯赶来，插手收购。这些人迢迢千里奔赴东北，对伪满皇宫珍宝趋之若鹜，最后甚至不以白银论价而只认黄金。著名的收藏家张伯驹为了能买下隋朝展子虔的《游春图》，不惜变卖在京城的住宅，一时"东北货"炙手可热，如火如荼。当时，有多少珍宝流失海外？ 多少珍宝隐藏于民间？ 又有多少珍宝重新埋入地下？ 至今仍是难以知晓的谜。

首先是伪满皇宫究竟从故宫中盗取了多少珍宝。辛亥革命爆发后，清朝虽然被推翻，但年仅6岁的末代皇帝溥仪仍居住在故宫内，虽然民国政府规定了他们居住和活动的范围，但他们仍有一定的自由度。再说，宫中的太监比民国的看守者更熟悉宫内的情况，所以他们会寻找机会盗取宫内的宝物。1924年，溥仪接到民国政府"半日内离开皇宫"的命令，18岁的溥仪及其家族成员其实早有准备，他们是一群"四体不勤，五谷不分"的人，一旦离开皇宫，靠什么去谋生呢？ 所以他们早就怂恿太监、家族成员和亲信偷偷地在故宫中选择宝物，并转移到自己的居住地，妥善地装箱待运。溥仪曾以赏赐溥杰的名义将许多珍宝运出宫殿，据溥杰的回忆，他每天放学回家就从宫内带走一包裹的字画，竟持续了半年多时间。溥仪还以典当、修裱等名义，由亲属将书画作品转移出宫。现在溥仪遵命在半日内离开了皇宫居地，携同所有家族成员和一些太监迁到天津，剩下的一些箱子就成了随身的行李。1932年侵华日军策划满洲政权，要溥仪任执政。经过近两年的准备，1934年3月1日，溥仪在长春郊外杏花村举行登基的祭天仪式，遂于皇宫的勤民殿登极，称"康德皇帝"，满洲政权也就成了满洲帝国。随后，他在天津的家陆续迁到长春，那些故宫珍宝也迁到了伪满皇宫，藏于不起眼的小白楼里。民国政府成立的"清室善后委员会"曾对宫内文物进行清点，并要太监编写《故宫书画目录佚散》，共记录了1200余件。该目录是根据末代皇帝赏赐给溥杰的书画记录编成的，因此这个数字并不等于伪满皇宫的收藏。

满洲帝国的好景不长，1945年日本战败投降。溥仪深知当满洲帝国皇帝的严重后果，所以他匆匆忙忙地带上100多件书画，乘上装载撤退的关东军首脑的火车，准备逃往日本。这列火车被苏联红军截获，溥仪连同字画去了苏联，1949年以后，他和字画又到了中国。溥仪出逃时，那些装满珍宝的木箱，约有1000多件珍宝还留在伪满皇宫的小白楼里。当皇宫的守卫者发现木箱中全是值钱的古董时，从长官到士兵就开始了哄抢，抢了古董后便作鸟兽散，在哄抢时就有不少字画被撕毁，造成前所未有的浩劫。伪满皇宫的守卫者知道，一旦让人知道自己的身份，重者丧命，轻者服刑，所以有不少人得到宝物后不敢回到自己的家乡，有的迁居，有的流浪，靠出卖古董为生。有些人即使回到家乡，也将所得古董再次入土埋藏，甚至有的怕事者还将古董付之一炬了事。据一个伪军交代，王羲之的《二谢帖》和《岳飞文天祥合卷》等珍宝就是被他的妻子放入灶火中烧了。虽然这1000多件被哄抢的文物有些为收藏家所收购，后来又回到了各地的博物馆，但究竟有多少被毁，有多少被埋入地下，有多少仍在收藏家的手中，已经无法知晓。

1963年4月的一天早晨，有一个背着包袱的青年来到北京荣宝斋门市部，说包袱中是一些古字画的残片，希望作价出售。工作人员打开包袱一看，满满一包裹全是残片，有的小残片仅蚕豆般大小，从纸质来看，确实是有年代的。于是要求青年住下，过一天给予答复。专家和工作人员进行了拼合研究，经过一个昼夜的努力，终于拼合成数件珍贵的书画作品，其中有米芾的《苕溪诗》，仅缺损了引首和作品的8个字，基本恢复了原貌。还有北宋名画《三马图》的跋。荣宝斋支付了令这个青年满意的价钱，同时向他询问姓名和家庭地址，青年人却不愿意回答，只说还有一包袱残片，便离去了。专家和工作人员继续进行艰难而又复杂的拼合工作，竟然拼出了《故宫书画佚散目录》所著录的37件作品残迹。1964年3月的某一天，那位奇怪的青年再次背了一个包袱来到荣宝斋，又将一包裹古字画残片售给荣宝斋。专家和工作人员再次拼合出符合《故宫书画佚散目录》著录的20余件珍贵的古字画。由于这位青年不愿意透露身份，当然也不愿意说出两包残片的来历，留下了一定的遗憾。当时的荣宝斋经理侯恺觉得，这么多重要的文物能保存下来，是给国家做出的巨大贡献，同时1400元的售价和实际价值相差悬殊，所以报请当时的国务院有关领导，希望能给予那个青年奖励，但由于那个青年留下的地址不详，以及紧接着的四清运动和十年浩劫，使这件事竟成了一桩悬案。

许多年过去了，那个青年的身份和这些字画碎片的来历成了萦绕在他们心中最大的悬念。直到1996年，哈尔滨《新晚报》记者圆小铃费尽周折寻访到那个青年和他的母亲孙曼霞（化名）。

孙曼霞老人介绍了当年卖画的缘由："青年人"丁心刚（化名）的父亲丁征龙（化名），早年曾留学德国和法国，抗战时回国，在张学良北京办公处工作。1945年9月8日，他告别妻子，与朋友骆大昭、王学武一起去长春看望同学和老师。时值日本投降不久，长春街上许多小摊贩手里都有从伪满故宫流散出来的文物。丁征龙懂得这些古物的价值，花钱买下了一批字画和字画碎片。

9月20日，孙曼霞在营口听到了不幸的消息：有人在营口附近的铁路边发现了自己丈夫的尸体。原来，与丁征龙同行的骆大昭见到古画红了眼，暗起贼心，于9月20日，在搭乘货运列车回营口的路上将丁征龙杀害，夺走了字画。孙曼霞当即告发骆大昭的罪行。骆大昭在铁的事实面前供认不讳。孙曼霞终于为丈夫昭了雪，并在枪毙骆大昭那天，拿回了那批字画和丈夫的遗物。

20世纪60年代，孙曼霞日渐感到这些字画长期放在家里不是回事，万一有个闪失，对不起国家，也对不起死去的丈夫。最终她下定决心，为它们寻找一个更为妥善的去处。这就发生了60年代哈尔滨青年向荣宝斋捐献文物的一幕。而荣宝斋则把这批国宝无偿捐献给了故宫博物馆，国宝最终得以回归。当然，这只是故宫流失之物中的极少部分。

由于溥仪不可能大量地将宫中瑰宝运出宫而据为己有，所以他们对于珍宝的选择可以说是精之又精的。如上举张伯驹以重金收藏的隋朝展子虔《游春图》，初唐四大家之一的欧阳询手迹《仲尼梦奠帖》，北宋司马光、刘恕等史学家所编《资治通鉴》的原稿，等等。可以说都是价值连城的宝中之宝。虽然有些已经为各地博物馆所收藏，可是，还有不少流向海外。伪满时期散失的国宝，仍是一个难解的谜。

故宫珍宝南迁之谜

"九一八"事变后，日本侵略者很快向北京进逼。凡知道故宫有许多珍宝的国人都在担忧：如此数量巨大的珍宝将会有怎样的命运？ 不仅故宫的工作人员在担忧，民国政府也在思虑。一场波澜壮阔的珍宝南迁运动开始了。当时工作人员是怎样装箱的？ 用什么运输工具？ 运输途中有没有发生过车祸？ 珍宝有没有损坏或损失？ 运到大西南后又是怎样储藏和保管的？直到20世纪六七十年代，这些谜才被逐渐揭开。

清朝后期，日本帝国主义就加入了列强武装侵略中国的行列。从第一次世界大战到第二次世界大战期间，日本仍不断地向我国的东北地区派兵，并于1931年9月18日蓄意挑起事端，突然袭击东北军，并迅速攻占我国的东北三省。日军距离北平只有240公里。故宫怎么办？ 故宫收藏的数以百万计的珍宝怎么办？ 曾经一度是一个不易为世人知晓的谜。直到20世纪六七十年代，始见一些台湾学者在某些文章或书籍中披露了一些，国民党政府曾经组织力量把故宫博物院珍宝装箱南运至西南地区加以保护的事。80年代初则有英国记者采访了抗日战争期间担任保护文物工作的专家，撰写了《故宫国宝话沧桑》一文，在《星期日泰晤士报》上发表。2004年1月，紫禁城出版社出版了负责文物南迁的那志良所著的《典守故宫国宝七十年》，才使人们能够比较完整地了解到事情的真相。

民国政府通知博物院把最有价值的艺术品迅速装箱南运。什么是最有价值的艺术品呢？ 当时的负责人立即组织了方方面面的专家进行挑选。选件固然重要，可是保证古物在运输途中不会因撞击、受潮、过干和白蚁侵蚀而损坏又是一件难事。工作人员向北平城内古玩专家请教了正确的包装方法。挑选、装箱和登记工作进行了一年多，1933年春才竣事，共装了19557箱（一说13427箱又64包）。且不说所有的工作都应该细致、耐心，需要时间，仅说要做这么多木箱不知要耗费多少人工、多少木材、多少时间！所以当时既新做了一批木箱，每个箱子1米长、高和宽均为50厘米。又尽可能利用一些商品包装旧木箱。1933年2月5日晚间，从紫禁城到车站沿途戒严。由几十辆板车往

翠竹盆景　通高25厘米，盆高6厘米。清宫旧藏。

返于故宫和车站之间，军队护送，沿途军警林立，街上空无一人，除了车子急驰的辘辘声之外，听不到一点别的声音，给人以一种神秘的气氛。箱子装上专列火车南运，由若干工作人员和武装守卫押运。由于是运送珍宝，当然需要保密，人民群众就不会知道这次故宫珍宝神秘南迁的大事。

　　故宫珍宝和工作人员分为三队撤退。第一队80箱，由那志良负责。载运古物的列车到了浦口，一路上只在添煤、添水时停车，每次停车，专家们就下车沿着铁轨由前跑到后，把每个车厢的封条，都检查一遍。列车停在靠边的轨道上。军队守卫了一个月。因为南京没有适当的地方收藏，由水路把这批国宝运往上海。在上海存放了近4年，期间南京扩建朝天宫以贮存这批国宝。1936年底，朝天宫扩建完成，工作小组也就留在南京办公，还计划举行展览会。1937年7月7日，卢沟桥事变爆发了。7月29日，日军占领北平；南京也有危险。民国政府迁往重庆，并下令撤退古物。古物由船和卡车运往1000公里外的长沙湖南大学图书馆，不久又接到命令要他们离开长沙。一个月后，湖南大学就被炸为平地。撤离长沙向西南走了930公里到贵州省的安顺县，在南郊外找到了华严洞。它是一个天然洞窟，为避免坍塌，将洞窟加固，作为办公室和贮藏库。众所周知，贵州"天无三日晴，地无三里平"，但华严洞的干湿度和温度还是比较适宜储藏文物的，为了文物的安全，还驻守一个连的士兵。至此这一队长途跋涉已经一年多了。1938年10月，贵阳也受到日机轰炸的威胁，而在华严洞的工作人员和士兵都很紧张，但终于没有轰炸。

　　第二批由时任中英文化协会总干事的杭立武负责。当时南京人心惶惶，都在设法逃离南京，找运输工具和挑夫极端困难。杭立武想方设法包了一艘英国太古公司的船，把第二批古物运往汉口。每箱都贴有装箱和点验者签名的封条，每个封条都照了相，每次开箱时，都要经过同样的手续。日军继续进逼，第二队又从汉口转移内地，到1938年秋才到达重庆。1939年春，日机轰炸重庆，几乎炸中这批国宝。古物箱又再次装船，这一队再向长江上游西行500公里到乐山去。

　　最后一批7000多箱由吴玉璋负责。当运载文物的列车到达徐州停车添煤、加水时，日本飞机就出现了，所以刚到南京就设法搭火车离开南京。一个星期后，日军进行了臭名昭彰的"南京大屠杀"。从南京转移到郑州，再从郑州到宝鸡。这批古物存放在两座大庙里。宝鸡吃紧时，又把古物运往170公里外的汉中，其中要越过海拔3000米的秦岭。两地之间没有铁路，只能用卡车装运，

每辆卡车至多装20箱左右。花了48天总共装了300多车，才把7000多箱古物全部运达汉中。据当事人回忆，车队在逶迤曲折的山路上爬行，还雇了许多当地的民工肩挑手扛，形成了一种特有的"文化长征"壮观。可是这时汉中也不安全，一个半月后，又奉命把古物运往成都。成都在500公里外。路上过河而没有桥，只好造木筏暂充摆渡。10个月后到达成都，发现成都的城市很大，地势平坦，没有坚固的楼宇，也没有山可以挖山洞，情况不理想。古物再次启运，运往150公里外的峨眉县城，那里安全静谧，有很多庙宇可供存放。这一队就在峨眉的那两座大庙里住下，一住就是7年。后来在成都开过展览会。他们开箱取出古物，首先取出清宫所藏几万本价值连城的古籍，因为古书必须透风。1945年8月日本投降。可是战后运输工具缺乏，不能冒险在崎岖的道路上运回古物。直到1947年3月，三个队才离开战时的避难所，在重庆集合。经过12年离乱，古物终于可以回南京了。

故宫珍宝南迁的三个队的总行程万里以上，而且从一地到另一地往往需要很长时间，路况不好，车辆也不怎么先进，还要遭遇日机的轰炸。如此规模的珍宝大迁徙，有没有出过事故呢？ 在南迁过程中真的还翻过两次车，所幸的是都没遇到什么危险。一次是乘坐人的车辆翻了，却没有人伤亡。而运送文物的车子也翻过一次。当第三队的文物车走到绵阳附近的一个桥头时，那桥正在修建，在桥旁搭了一座便桥以供通行，便桥搭得不高，勉强通车，司机不慎，车子翻下桥，直落到河床里去了。那些箱子外面的编号都是"文字若干号"，说明是文献馆的文物，都是些档案图书之类的东西，并不怕摔；车子虽然翻到河床里，怕水浸的纸张型文物却并没有掉到河水里；由于便桥不高，箱子受的震动不大。所以那次翻车事故什么也没有损坏。当时在场的专家和工作人员说："古物有灵，炸不到，摔不碎！"

故宫的文物虽然分三批运出，所走的路线也各不相同，但最终都隐藏于我国的西南地区，故文物和博物馆学界称此次壮举为"南迁"。南迁文物现存海峡两岸。解放后，留在南京的故宫文物一万多箱北返故宫，后来由于"文革"，一说是有种种原因，运送文物北返的工作暂时搁置，至今仍有两千多箱瓷器尚留在南京博物院。

台北故宫收藏之谜

1965年11月，台北故宫博物院建成开幕。由于众所周知的原因，中国大陆的人们并不确切知道台北故宫博物院究竟有多少珍宝，中国最优秀的文物是否都在台北。长期以来，一直流行着这样的说法："台北有文物没有故宫，北京有故宫没有文物。"现任北京故宫博物院院长的郑欣淼在访问了台北故宫博物院后，公布了不少相关资料和数据，终于使人们了解了两院收藏的大致情况。

　　台北故宫博物院是台湾当局为纪念孙中山先生百年诞辰，于1965年11月落成的。它建在台北市士林外双溪，公开对外展出。如今，台北故宫博物院已经成为亚洲最优秀的博物馆之一。笔者有一些香港、台湾的朋友，也有一些去过台湾的大陆朋友，他们通常会向笔者夸耀，说台北故宫博物院的藏品是如何如何的精美，甚至于说中国最优秀的文物多数在台北故宫博物院。又说台北故宫博物院珍藏的数量极富，按照目前的展线和展览速度，30年也不能做到将藏品全部展完。这些说法曾使笔者十分迷惑。其实，就连台北故宫博物院是怎样建立的？北京故宫的古物是怎样运到台北的？台北故宫博物院究竟拥有多少藏品？是否真的在数量上、品质上都超过了北京故宫博物院？这一系列问题直到最近北京故宫博物院院长郑欣淼撰写并公开发表了《北京故宫与台北故宫文物藏品比较》，才使有些问题水落石出。郑欣淼指出：有人以为好东西都到了台湾，有的甚至说："台北有文物没有故宫，北京有故宫没有文物"，这显然是误解。

　　我们首先应该了解北京故宫的古物是怎样运到台湾的问题。笔者的老师沈熙乾先生曾于1982年向笔者叙述过此事，因为他也是在南京挑选文物的专家之一。上文已经叙述了20世纪30年代中国的"文化长征"。1945年8月日本投降。经过12年离乱，万里之行的古物离开战时的避难所在重庆集合，并且可以回南京了。可是当时运输能力较低，到1947年初夏，全部古物和保护人员终于由九艘轮船沿江顺流而下，运回南京，把国宝储藏于朝天宫扩建的部分。行家里手们马上恢复中断了9年的工作，开箱整理，并开设临时展览厅。他们的生活是艰苦的，也不管个人的政治信仰如何，博物院工作人员始终团结一致。可是国共之间的内战开始，共产党在军事上并不占优势，却得到全国人民的支持，国民党政府不得人心。1948年徐州会战后，解放军在军事上也占了上风。南京受到威胁，蒋介石计划迁到台湾。于1948年11月决定将故宫国宝和南京中央博物院、中央图书馆、中央研究院的藏品及外交部部分重要档案一起运往台湾。

　　但当时可以运送这些珍贵古物的只有两艘军舰和一艘商轮，只能运送其中一部分。自1948年底至1949年初，南京国民党政府从南京库房中挑选出2972箱文物，约239000余件（若含清宫档案文献则为60余万件），大部分是清宫收藏的精华，包括历代名画及书法、清宫全部藏书和最精美的宋瓷等，其中书画5749件，善本书150688册，还有历代重要佛经、藏文喇嘛经和满蒙文史籍等。总数约为故宫国宝的六分之一，于1949年运到台湾。

银累丝珐琅盆珊瑚牡丹盆景　通高69厘米，盆高21厘米，盆径27厘米。清宫旧藏。

笔者曾问及沈熙乾先生：故宫的国宝非常丰富，为什么只运六分之一呢？沈先生回答说："蒋介石政府又何尝不想多运，甚至想全部运走，可是当时的海运能力确实有限。而要抢运的生产物资和财产又实在太多，比如有些工厂的机器也要运，运不过来，这才需要再度挑选。当时还是我和一些朋友依据《国语·楚语》论国宝，不以'龟、珠、角、齿、皮、革、羽、毛'为宝，而以那些'能作训辞'、'能道训典'的人才为宝，撰文说服了政府，才只挑选六分之一的。再说，国民党的军队在辽沈、平津和淮海战役遭到重创后，南京似乎已经听到了解放军的隆隆炮声。南京政府的官员及其家属都十分恐慌，有很多人想去台湾。记得有一次装运文物时，有一大群高官的家属带着行李冲到码头，有的甚至强行上船，逼得当时的主持此事的官员不得不答应另行安排船只运家属，才安全渡过难关。"

古物到达台湾后，最初贮存在台中市的糖厂仓库里。糖厂仓库当然不是珍藏国宝的理想地方，于是又很快迁移到附近一个名叫北沟的小山村，直到故宫博物院建成，差不多存放了15年。我们都知道，在那十余年时间里，台湾的社会秩序并不稳定，海峡两岸随时有爆发战争的可能。中国政府一直重申"一定要解放台湾！"而台湾当局则不断宣称反攻大陆。不仅如此，而且两岸的军队还曾长期互相炮击。在这种情况下，为了安全，又由专家挑选了少量极品，如当时仅见的刻有卜辞的四大块完整龟版等，出资存放到美国。另外，台北故宫博物院在20个世纪50年代以来也以接受捐赠、征集、购买的方法，增加了约5万件藏品。台北故宫博物院在展览方面也做了卓越的工作，采用国外高科技仿制了一批元代以前的书画作品，在世界各大城市巡展，收到了全球性的良好反响。

现在我们来看郑欣淼是怎样回答"两岸故宫藏品哪家多？哪家的精品多？"这一问题的。他说这是两岸同胞乃至国际社会都不甚清楚而又很关注的一个问题。他十分肯定地说：北京故宫不仅藏品数量远远多于台北故宫，而且精品也多于台北故宫。并且说明了理由：一是，故宫博物院成立之前，逊帝溥仪将1200余件书画精品、古籍善本和大量珍宝盗运出宫。新中国成立后，其中相当部分重新回到了北京的故宫博物院，如《清明上河图》、《韩熙载夜宴图》、《五牛图》、《伯远帖》、《中秋帖》等。二是，1933年故宫部分文物南迁后，北平故宫本院所留文物还是相当多，也有不少珍品，沦陷期间还在继续清点、登记，并征集了一批珍贵文物。南迁文物后来运台2972箱，占南迁箱件数的22%，当然多是精品。其实留下的78%精品也相当多。三是，两岸故宫文物藏品构成上稍有不同。运台故宫文物约60万件，其中清宫档案文献38万件册，善本书籍近16万册，器物书画5万余件；加上抵台后征集的文物，总计65万余件。现北京故宫有藏品150余万件，其中1949年后征集24万多件，80%以上仍为清宫旧藏。北京故宫原有明清档案800万件，善本特藏50多万册（件、块），器物书画100万件，总计达960万件。

郑欣淼还将几大项文物作了具体的比较，兹列简表于后。

郑欣淼还从工艺品、宫廷文物、图书典籍等方面作了比较。工艺品方面：

北京故宫藏有玉器28461件，多于台北故宫的11445件，又征集了新出土的珍贵玉器数百件，其中安徽凌家滩遗址与六安杨公乡战国墓出土的一些玉器，为世所罕见。另外，北京故宫的"大禹治水"玉山，重逾万斤，还有重量数千斤的几件玉山，而台北故宫无此类大件玉器。漆器、珐琅、玻璃、金银器、竹木牙角雕刻，以及笔墨纸砚等"杂项"，台北故宫有7605件，北京故宫有101355件。台北故宫漆器精品较少，北京故宫较多；珐琅器，两岸所藏特点相近，但北京故宫的一些大型金属珐琅制品则是台北故宫所没有的。另外，北京故宫还藏盆景1442件，匏器590件，而台北故宫无此收藏。宫廷类文物方面：北京故宫具极大优势，皇家日常生活用品文物，无所不藏，如清代玉玺"二十五宝"、卤簿仪仗等为台北故宫所无；帝后冠服也最为齐全，而台北较少；清代皇家信仰多种宗教，北京故宫收藏有大量萨满教和藏传佛教的法器、祭器、造像、唐卡等，还完整地保存了一些藏传佛教及道教殿堂的原状，这是台北故宫无法企及的。图书典籍方面：台北故宫所藏版本时代早（宋、元、明版较多）、卷帙完整、书品好者居多，如文渊阁《四库全书》、摛藻堂《四库全书荟要》、《宛委别藏》及部分"天禄琳琅"藏书等，多是独有的巨帙或孤善之品，相当珍贵。北京故宫所存数量不多的宋元版书多已拨交国家图书馆，但明清抄、刻本品种、数量众多。

玉　　器

玉龙纹饰形象特征之谜

内蒙古自治区翁年特旗三星他拉村的村民在植树造林时发现一件龙形玉器，龙体蜷曲呈C形，吻部前冲向上略弯，闭嘴平鼻，细长眼，有眼无珠，无角无耳、无足无爪、无毛无鳞。经专家研究后确认属红山文化。由于它是迄今发现的时代最早的龙，故有"中华第一龙"之称，又因为龙的口鼻类似猪，故又称"猪首龙"。然而它究竟是不是中华原始图腾——龙的象征？如果是，自然界是否存在过类似的猪首长条形动物？如果是红山时期的人们已有了将多种崇拜物综合为一的信仰，那么"猪首龙"是由哪几种动物综合而成的呢？

1971年内蒙古自治区翁牛特旗三星他拉村的村民在植树造林时发掘出了一件玉龙器物，因为在三星他拉村出土，所以把它命名为"三星他拉玉龙"。这条玉龙埋藏处距地表约50厘米，后经专家鉴定后确认为红山文化的遗物。玉龙体蜷曲呈C形，吻部前冲，略向上弯曲，嘴紧闭，鼻端截平，端面近椭圆形，有对称的双圆鼻孔，眼尾细长上翘，颈后长鬣。整条龙无足无爪，无角无耳，有眼无睛。龙背后有一个小孔，如系绳悬挂，龙的首尾正好处在同一水平面上。它高达26厘米，是已知红山玉龙中最大的一件，被称之为"华夏第一龙"。围绕此龙的争论主要集中在它的纹饰上，也就是说龙的原形到底是根据哪种动物？ 各学者对此意见不一，于是产生了谜。自然界到底有没有龙？ 或者说历史上究竟有没有过龙？ 这个问题长期以来一直为人们所争论。有的学者认为龙是黄帝在原始部落兼并统一过程中集中了各个部落的图腾而创造出来的一种图腾综合体；也有人认为龙的原形来自自然界的物件，如蛇、马、猪、闪电、云等，在此基础上形成了蛇说、蜥蜴说、鳄鱼说、河马说、闪电说、云说、猪说、蜗牛说等。更有的学者认为龙是一种历史上曾真实存在过的动物，只是由于某种力量把它灭绝了，导致今天我们看不到这种类型的动物。由于今天在自然界找不到像龙这样的实物来作为印证，对于龙的原形是何物，只能是众说纷纭。但不管争论如何，从一个侧面体现了中华民族对龙文化确实是情有独钟。

三星他拉玉龙的出土，对龙的原形来源既增加了佐证，又引起了更多的争论。有人根据此玉龙的头部形状很像猪的头，特别是玉龙颈后的长鬣像猪鬃，再加上它的身体像蛇，把它叫作"猪首蛇身"龙，简称"猪首龙"。人们认为龙最早就是由猪演化而来的。猪和人类关系密切，这是毋庸置疑的。猪很早就进入到人类的生活，并且被人类狩猎、畜养、食用，以至于用猪创作了我们"家"这样一个"屋顶下有豕"的文字。猪在中国民间文化中一直是很重要的动物，有的氏族甚至把猪作为本氏族的图腾。从红山文化地区的很多墓葬中都有猪骨作陪葬，可以看出当时人们可能已把猪当作财富的象征或者作为某种图腾来崇拜。有人认为在原始农业中，人们用猪作为祭牲来祈求农业的丰收。随着原始宗教和神灵崇拜的产生，猪自然成为原始先人的通灵之物和权力的象征。在这过程中逐渐把猪抽象神化，最后演变成龙这种具有灵性的动物。但这种观点仅仅是一种猜想，主要是从外形某些特征互相类比过程中得出的，实际上很难找到过硬的文献来证明这一猜想的成立，也不易找到令人信服的实物证据。如果说龙是由猪演变而来的，但猪是如何演变为龙这种具有灵性的动物，也颇为令人费解。两者在中国人心目中的地位是不能等同的，这是显而易见的常识。龙是不是由猪演化而来的，谁也说不清楚，变成了一个谜。再有就是猪首蛇身的问题，原始先人到底要向我们透露怎样的信息？ 难道龙的原形不是来自单一的动物，而是两种动物的合体，抑或是更多种动物的组合体？ 蛇在古代被视之为邪恶的动物，而猪则是被看作是与人类友善的动物，两者很可能都曾经被原始先人们当作过图腾崇拜。如果龙的原形来自这个恶与善的矛盾组合体，是反映了原始先人对龙既亲切又敬而畏之的态度，或者是还有别的意图？ 这也是个谜。

对三星他拉玉龙的头部是不是具有猪的特征，也受到人们的质疑。在三星他拉玉龙出土之前，红山文化中已经出土了一些造型奇特的玉器：肥首大耳，吻部平齐，鼻梁上带有明显的皱纹，头部有两只竖立的大耳。这些特征使得这些玉器看上去特别像猪，而蜷曲无足的身体则很像龙。于是把它们称之为"玉猪龙"。如果把玉猪龙和三星他拉玉龙细细比较，会发现很多不同。玉猪龙的眼睛是圆形，而三星他拉玉龙的眼睛为细长；玉猪龙的头部有两只竖立的大耳，而三星他拉玉龙头部根本看不到耳朵。除了这些可以直接看出的不同外，人们对玉龙颈后的长鬣也有所异议。猪鬣的形态应该是直而粗硬，这是一个常识，并且先秦典籍《礼记·曲礼》也说："猪曰刚鬣。"三星他拉玉龙颈后翻卷飞扬的长鬣，如果说是猪鬣，怎么能翻卷飞扬？有人根据这种翻卷飞扬的形态，认为三星他拉玉龙颈后的长鬣是马鬃，这有一定的道理。我们也常说天马行空，并且马随风奔跑时马鬃飘飞，能做到翻卷飞扬。因此不能把三星他拉玉龙与前面的玉猪龙简而易之地等同。如果玉龙头部不是猪首，颈后的长鬣确实是马鬃，三星他拉玉龙到底是取材于何种动物？这种类型的动物今天我们肯定是不能看到了，历史上到底有没有这种动物？或者不是单个的动物，而是多种动物的合体，但又是哪几种动物的合体？另外对玉龙的长鬣究竟是否马鬃我们还不能太早下结论，因为比红山文化更早的河南濮阳蚌塑龙颈后就有鬣，所以颈后有鬣也可以看作是龙的固有特征。这就更增加了三星他拉玉龙到底取自何种动物的复杂性。

三星他拉玉龙取自何种动物，现在还是个谜。笔者倾向于是来自多种动物抑或图腾的综合体。但我们不能简单地武断为哪几种动物，需要通过进一步的分析考证或者更多的出土文物来互证。尽管三星他拉玉龙身上的谜没有揭开，但它对中华民族的意义不可低估，它把中国的龙文化提早到了公元6000年前。

良渚玉琮内圆外方造型之谜

玉琮是一种十分古老的玉器，太湖流域的良渚文化遗址出土了大量的玉琮。然而玉琮外方内圆的形象具有什么象征性意义？是否同古老的"天圆地方"观念有关？关于玉琮的用途，有专家认为是巫师的法器，有的认为是盛放"且"（男性生殖器）的石函，或以为是由玉镯演变而来的礼器。

琮是古代的一种方柱形的玉器，中有圆孔如筒，一般认为是古代祭祀用的礼器。在中华大地上，以长江文化和黄河文化为核心的多种文明如璀璨的明珠镶嵌在祖国的大江南北，争奇斗艳。1936年在太湖流域发现的良渚文化以出土大量的玉器而在学界引起广泛关注，在这些玉器中，又以玉琮最为典型。其

玉琮

中玉琮"外方内圆"的形制引起了学者的许多猜测，那究竟先人们为什么会将玉琮制成如此形状呢？

要弄清楚玉琮的"外方内圆"之谜，我们首先要从玉的起源说起。事实上在遥远的石器时代，玉器与石器是混用的，在生产力极其低下的情况下，人们还无法分辨石器和玉器在使用上的差别，特别是在玉器较为集中的太湖流域更是如此。后来，随着生产力的进步，人们越来越发现玉器的质地柔和，色彩多样，晶莹剔透，美轮美奂，逐渐使人们产生了美的感觉，因此玉就越来越登上了大雅之堂，成为一种神物或通向神灵的媒介而受到崇拜。

原先人们在祭祀的时候，为了表示对神灵的尊敬，是将好几块玉用绳子连在一起来进行相关的祈祷活动，后来人们想，与其将好几块玉用绳子连在一起，还不如做一块大点儿的玉器，将它分为好几节，这就是后来的玉琮。当然，玉琮有长有短，短则一节，长则15节。

玉琮作为一种祭祀的神物早在《周礼》中就有记载："以玉作六器以祀天地四方，以仓璧礼天，以黄琮礼地。"有的学者就此认定琮是用玉祀地的祀器。当然，有学者认为《周礼》是西汉中后期成书的，书中所载史实大多是春秋至战国时期的，所以不适用于新石器时代的良渚文化玉琮。但是，谁又知道春秋战国时的礼制不是承袭前人的呢？

良渚文化出土的玉琮已有百余件之多，其中，外方内圆的方柱形玉琮占了大多数，周边刻饰四组或八组兽面纹，纹饰粗犷质朴，渗透着原始古朴之美，有些兽面生动怪异，流露出人们对自然和生物的最初认识和理解。1986年在今余杭反山良渚文化墓地出土的一件玉琮，高8.8厘米，射径17.1—17.6厘米，重达六七公斤。不仅在四周以转角处为中心勾画出八组兽面纹，而且在每两组之间的空白处，又琢磨出八组神人兽面的图案。因其形制、重量和雕饰都堪称玉琮中的精品，被称为"琮王"。在良渚文化遗址中出土的最大的一件玉琮高达40厘米，有15节，也是外方内圆的方柱体结构。那到底为什么玉琮是外方内圆呢？一些研究玉器的学者基于对玉器的认识，提出了不同的见解。主要有下面几种说法。

第一种说法认为玉琮的外方内圆代表了天圆地方的观念，是新石器时代人们对天地的朴素认识和理解。中间的穿孔表示天地间的沟通，是"贯通天地的一项手段或法器"。在新石器时代，按天圆地方观念所磨制的玉琮，一定是当时有知识的人即巫师们所用作祭祀神灵用的一种法器或本部落的图腾。它的表面雕刻的兽面或神人兽面的纹饰则是巫师们所要表现的神的形象，后来，玉琮的功能由只能作为一种祭祀用的法器，演变为兼具装饰、礼仪或权力象征的器具，但玉琮的外方内圆的形制却一直保留下来。正是基于这种说法，才有了后来《周礼》的记载，这种说法以美国学者张光直教授和大陆学者林华东先生为代表。

第二种说法认为玉琮的外方内圆是一种生殖崇拜。其一认为它是模仿女性的生殖器官而制造出来的，是一种原始的女阴崇拜，因为它的中间是一条长长的圆孔，会使人想到女性的生殖器官。这一时期是新石器时代，或许是母系氏族时期人们为了表示对妇女的尊敬，而把其生殖器官作为神物来崇拜。《周礼》记载的璧、圭等玉器都是为王、公、侯、伯、子、男所有的，他们都是男子。而琮是夫人们的瑞器，夫人们都是女子。这是从玉琮后来的发展来反推它作为女性生殖崇拜的证据。其二（瑞典学者高本汉）认为，它是宗庙中盛"且"（男性生殖器）的石函，这或许是父系氏族时期人们对男性生殖器的崇拜而专门盛放"且"的器具。

第三种说法以日本学者林已奈夫为代表，他认为，玉琮是由先前的玉手镯发展而来的，以后逐渐演变为礼器。这种观点已经在考古发掘中得到证实。在良渚文化的早期墓葬中，出土的玉器以环形玉镯为主，后期的墓葬以外方内圆的玉琮为主，这一现象正好说明了他的观点是正确的。但是，为什么玉琮的外部是方形呢？这可能与它后期逐渐成为礼器有关，因为作为礼器，应该显得比较庄重和典雅。而先前的手镯外部也是圆形，而作为礼器，就会显得比较圆滑。制作成方形，则会显得庄严和厚重。按照这一逻辑推理下去，著名的考古学家苏秉琦先生曾指出，随着从早到晚的演变，琮的制作也越来越规范化，加厚加高加大，反映对琮的使用趋向于垄断化，对天说话与天交流已成为最高礼仪，这与传说中的"绝地天通"是一致的，随着贫富的分化和向阶级社会的过渡，良渚文化逐渐出现了方国的倾向。玉琮也逐渐成为富有阶层或者是一些诸侯祭天敬神的礼器。从考古发掘中也证实，在良渚文化中，越到后期的墓葬，玉琮越长越高，节数也越多。

那么，到底玉琮为什么是外方内圆呢？学术界对此有多种说法，正如台湾著名学者邓淑苹先生在《新石器时代的玉琮》中所说：琮是古玉中最难研究的项目之一，留下的文献资料有限，引来引去，就是那么几条。古董商为投文人的雅好，雕琢许多仿古的玉琮。文献资料的难以征信，加上仿古货色的大批流传，益使琮成为古玉中难解的谜题。

千年美玉和氏璧之谜

和氏璧是春秋战国时期著名的玉器，不仅玉料纯美无瑕，而且雕琢精致，价值连城。战国后期，秦、赵两国为了和氏璧争来斗去。这块玉璧原属楚国，后来为赵国所得，又为秦国骗取，所以有了"完璧归赵"的故事。秦、赵长平之战以秦获大胜告终，和氏璧又到了秦国，其后便不知去向。有一种说法是，秦始皇统一六国后，由玉工孙寿将它雕琢成"传国玺"。这种说法可信吗？

和氏璧是发现于春秋时期的一块美玉，因为楚人卞和发现，故名。而后更因"完璧归赵"的故事名扬天下，据传秦统一六国以后，始皇帝曾将和氏璧制成天子玉玺。由丞相李斯用大篆书写"受命于天，既寿永昌"字样。从此以后，历朝历代的统治者都将之作为统治天下的象征。于是，围绕着传国玉玺的流传不绝于史。那么，到底在历史上是否真的有和氏璧，它真的制成传国玉玺了吗？这个传国玉玺下落如何呢？下面就让我们共同去探究历史的真相吧。

玉石，自古以来，因为它的晶莹剔透，美轮美奂，历来被人们认为是纯洁无瑕、高贵典雅的象征。据《韩非子·和氏》载，春秋时楚人卞和在位于今天湖北南漳县的荆山看见有凤凰落于山上，因听说"凤凰不落无宝之地"，于是便在山上搜寻终得玉璞一块，并视之为珍宝，此后，他先后将玉璞奉献于楚厉王和楚武王，但他们都认为是普通的石头，并断定是卞和在戏弄自己，于是便对卞和施以酷刑，先后将他的左脚和右脚砍去，等到楚文王即位后，听到宫廷中有人说卞和怀抱璞玉在楚山下大哭三天三夜，涕泪交加以至满眼溢血。文王派人问他，说天下被刖足的人很多，为什么独有你如此伤心呢？卞和说："吾非悲刖也，悲夫宝玉而题之以石，贞士而名之以诳，此吾所悲也。"他的行动使文王非常感动，于是，命人将璞加工而得一块无瑕的美玉，是为和氏璧。

但据多方考证，在楚国的历史上，根本没有楚厉王，而且楚武王在位51年，那卞和两次被刖足，历经三朝，他的年龄又该是几许呢？所以有人推测，《韩非子·和氏》中所记载的故事是否是在为那些有真才实学的知识分子不受重用，反遭打击的社会现状鸣不平从而编造的寓言呢？如果真是这样，那么，历史上关于和氏璧是否存在都将打上一个大大的问号。我们再看在此后的历史记载中，还有哪些关于和氏璧的传说。

楚文王后的历代楚王对此玉都非常珍惜。大概400年后，楚威王为表彰功臣，将和氏璧赐予相国昭阳。昭阳在与宾客游赤山时，拿出玉璧供宾客观赏，但杯凉席散之时，价值连城的玉璧却不翼而飞了。据《史记》记载，后来成为战国著名纵横家的张仪也在宾客之列，因当时的魏国人张仪还是一个贫贱小民，且德行不佳，于是，大家都怀疑和氏璧是张仪所偷，但张仪却坚决不予承认，这也成为了历史悬案。

据《战国策·赵一》记载：李兑送苏秦明月之珠、和氏之璧、黑貂之裘、黄金百镒。苏秦得以为用，西入于秦。而苏秦所得之和氏璧西入于秦之后又怎样就不得而知了。但另据传说，后来，赵国人缪贤在集市上用五百金购得一块美玉，后经专家鉴定认为，此玉便是多年失踪的和氏璧。后来，赵惠文王便将在本国出现的和氏璧据为己有。此后，便出现了"完璧归赵"的故事。但完璧归赵发生在公元前283年，表面看来，完璧归赵是赵国

秦始皇

的胜利。但在此后，秦国先后在公元前281年，公元前280年攻打赵国，直到公元前260年长平之战，赵国日衰，并于公元前228年被灭，蔺相如全族被诛。因此，由和氏璧所引起的争端最后使赵国遭到灭国之灾。这能说是赵国的胜利吗？中国向来有同情弱者的传统，也许这是后人为了抑秦扬赵而杜撰的也未可知。据说，在秦灭赵国后，和氏璧最终落入了秦国手中。后来的史书中再也没有出现过有关和氏璧下落的记载。那作为千年美玉和氏璧的下落应有两种可能，其一，成为了秦始皇的随葬品，如若真是如此，将来在开启秦始皇地宫时可能还可一睹和氏璧的真容。其二，有可能在秦末的战乱中遗失了。

事情到此为止好像已经结束了，但是，历史上更多的传言又认为和氏璧被秦始皇制成了传国玉玺，流传了下来。但据《太平御览》中说，秦始皇所制的传国玉玺是由陕西产的蓝田玉所制，而据推测，在湖北荆山所发现的和氏璧不应是蓝田玉所制。而且，作为玉璧的和氏璧应该是平面环形，既然是环形，就不可能制成玉玺。到底哪一种说法是真的呢？的确让人们是非难辨，真假难分。

如果传国玉玺真是和氏璧所做，那它的下落又如何呢？传说公元前219年，始皇帝到南方巡视至洞庭湖时，皇帝的龙舟突然被骤起的风浪吹得左右摇晃，差点翻船，正在危急时刻，秦始皇将传国玉玺抛入江中以震慑风浪，湖面竟奇迹般地平静下来。这样又过了八年，一次，秦始皇在陕西华阴平舒道出巡，路上有一人持璧称："请将此璧还给祖龙（秦始皇的别称）。"传国玉玺复归于秦。

秦亡汉兴，开国君主刘邦从秦将处得到玉玺，并号称"汉传国玺"。在西汉王朝，它成为皇权的象征被珍藏于长乐宫。西汉末年，皇帝年幼，玉玺由孝元太后掌管，王莽篡汉后，逼太后交出玉玺，盛怒中的孝元太后将玉玺掷于地上，并摔掉一角，从此，传国玉玺出现了疤痕，但还是被王莽得到。东汉末年，天下大乱，玉玺从宫廷失踪。后被大将孙坚所得，而孙坚当时是袁绍的部下，袁绍逼孙坚交出了玉玺，但后来袁绍兄弟败死，玉玺绕了一个大弯，又回到了汉献帝的手中。在三国两晋南北朝时，由于战乱频仍，政局动荡，玉玺也几经转手，而且这一时期，一些割据王朝的统治者为表示自己才是天命所归，承接正统，纷纷私自刻印玉玺。等到了隋唐时，"传国玉玺"仍被奉为至宝。

到了宋朝，真假传国玉玺就经常被发现，一直到了清朝初年，在清朝的皇宫藏品中就发现了39方玉玺。其中不乏被称为传国玉玺者，但据说都是假的，真正的传国玉玺被元将带到了漠北。

看来，和氏璧和传国玉玺的传说孰真孰假，的确已经难以考证了。但和氏璧及传国玉玺的故事留在人们心中美好的记忆却久久使人难以忘怀。可是笔者要提请读者思考的是：玉璧本身已经较薄，且刻有花纹。若再将玉璧改刻成玉玺，先得磨掉两面的花纹，已经薄得没法再刻制什么玺印了。

承露盘玉高足杯之谜

在广州象岗山南越王墓，出土了一组奇特的器皿，以青玉杯和铜盘为主体，三条银身金首的龙衔着三瓣之器为杯托置于铜盘上。人们称这种组合器皿为"承露盘玉高足杯"。它们是用于承接露水的，据说用这种器皿承接露水，调和玉屑饮之可以长生不老。从墓中出土硫黄、铅砂、朱砂、雄黄等药石看，它们确实用于承露。可是史书记载，秦始皇、汉武帝曾以此器承露，它们怎么会到南越王墓中？

1983年在广东省广州市象岗山出土了一个承露盘玉高足杯，通高17厘米。它是西汉南越国王赵胡墓的随葬品，当时放在南越王棺椁的头端。这件器物由高足青玉杯、托架及承盘三部分组成，以金、银、铜、木、玉五种材质制作。整个容器以玉杯为主，以三条金首银身的龙衔着三瓣之器为杯托，置于铜盘上。设计奇巧新颖，匠心独运，突出了群龙拱托玉杯的气势，显得高贵神奇，是南越王国金属细工与制玉工艺相结合的精绝之作。汉武帝在位时也曾经派人制作过承露盘。西汉的承露盘与南越国的承露盘玉高足杯存在着怎样的关系，是南越学习了西汉的技艺，还是西汉的技艺传自南越国？学者们对此各持己见。

秦始皇在位时，为了追求长生不老，曾派徐福带领数千童男童女入海求仙药，但徐福等人一去不复返，结果是不了了之。到汉代，这种长生不老的迷信思想不但没有灭绝，而且还有愈演愈烈的趋势。当时人们认为神仙降露于人间，人们只要喝了这种神露就可以长生不老。晚年的汉武帝和秦始皇一样，十分迷信，并且也痴迷于追求所谓的长生不老药。他听信方士的哄骗，相信饮露水和玉屑有助于延寿长生，因此在修筑建章宫时特别设计承露盘。据史书记载，"建章宫承露盘高三十丈，大七围，以铜为之。上有仙人掌承露，和玉屑饮之"。从史书的记载可以看出，汉武帝的承露盘规模上是十分雄伟的，并且功用也很明确，就是为了追求长生不老而设置的。相比南越王墓出土的承露盘玉高足杯，在规格和造型上都不符合史书的记载。但从承露盘玉高足杯做工的精细和造价的昂贵来看，它应该是有特殊用途的。有的学者根据墓中出土的硫黄、铅砂、朱砂、雄黄、紫水晶等五色药石，认为这件玉杯可能是南越王生前用来服食药石的特殊用器。这样从南越王墓中出土的承露盘玉高足杯的使用目的与汉武帝的承露盆应该也是基于类似的信仰。虽然两者在功用上可能存在相似的地方，但在当时，一个地处中原，另一个则在偏僻的蛮夷之地，两者究竟有怎样的联系？

承露盘玉高足杯

中原和南越的文化交往历来就很频繁。南越国是由真定人赵佗所创立。秦国兼并六国后，接着攻取并平定了杨越，在那设置了桂林、南海和象郡。当时赵佗被任命为南海郡的龙川县令。随着秦朝的灭亡，赵佗出兵兼并了桂林、象郡，自立为南越武王。秦时南越和中原的文化交往已经见于史书的记载。秦始皇曾经把因犯罪而被迁徙的百姓安置到南越，同当地的越人杂居了13年。这虽然不是特意的文化交流，但在这批犯人当中，肯定有一批掌握当时秦先进的文化，随着他们长期居住在南越，不知不觉中就把秦先进文化带到了南越，完成了文化的交流。到西汉时双方交往就更为密切了，汉高祖刘邦派陆贾出使南越，命令赵佗因袭他的南越王的称号，并剖符定约，约定互不侵犯并互通使者和物资。吕后时西汉王朝曾经和南越打了一仗，双方关系出现了裂痕。但当时战争的起因是因为有官吏请求禁止南越在边境市场上购买汉朝的铁器而引起的，从这一方面可以看出当时双方的贸易是十分频繁的。汉景帝时赵佗重又向汉朝称臣，并且春秋两季派人到长安朝见天子。到赵佗的孙子赵胡当南越王时，闽越王郢发动战争，攻打南越边境城镇，当时的西汉王朝为他出兵，派遣两位将军前去讨伐闽越。赵胡为了报答天子的恩德，就派太子婴齐到朝廷去充当宿卫。这时双方的关系已经达到很融洽的地步，交流也肯定随之更加频繁。就当时的文化发展水平而言，中原的整体文化要远高于南越，主要是中原向南越输出。但无可否认，南越在局部文化上有超越中原的可能，或者是吸收中原文化后，经过整合提炼，然后做到推陈出新，反而超过中原，导致中原要向他们学习引进。

南越王的承露盘玉高足杯到底是属于何种情况？根据现有的史料，很难作出准确的判断。南越王赵胡早在汉武帝制作承露盘的前七年就死去了，而汉武帝派人后作的承露盘到底有没有参考南越王的承露盘玉高足杯？就当时双方文化交往的程度而言，西汉长生不老的迷信思想有可能传到南越，并为南越王所接受，于是他叫人创造了这个迷信的道具。随着文化的双向交流，制作这种精美的道具的手艺也被带到了中原，然后被汉武帝所仿造，这也是可能的。但这里也存在一个问题，汉武帝是不是承露盘的最早制作者？史书上对于承露盘的记载出现在汉武帝时候，但并不代表在汉武帝之前就没有承露盘这种东西。众所周知，在先秦时候中原的手工工艺就达到很高水平，再经过秦和西汉初期的发展，达到了一个更高的程度，制作像承露盘玉高足杯这样的工艺品技术上应该不是大问题，并且当时官方和民间的手工业都很发达。这就有一种可能，南越制作承露盘玉高足杯的工艺是在文化交流的过程中，由中原输出去的。这种观点的成立，有待于地下出土比汉武帝年代更久远的承露盘或者类似的物件。而这种文物的出现，随着考古的进一步扩大，并不是不可能的。

南越王墓的承露盘玉高足杯蕴含着文化交流的印痕：到底是中原先进文化影响到南越，还是南越吸收中原文化后，经过消化，然后推陈出新，反过来影响中原，或者就是边远地区的先进文化直接影响中原？这种先后次序问题，现在已经很难理得清楚了，变成了一个谜。

中山靖王金缕玉衣之谜

　　河北满城中山靖王墓出土了精美的金缕玉衣。它由2498片玉片用金缕编缀而成。汉朝的帝王相信，人死后穿上玉衣能使尸体千年不腐。金缕玉衣的出土不仅使人们看到了实物，而且证实了史书记载的正确性。可是史书又明确记载，汉朝规定皇帝和皇后死后才有资格穿金缕玉衣，诸侯王只能穿丝缕或银缕玉衣，而中山靖王为何穿上了金缕玉衣？究竟是皇帝的特别恩赐，还是他有越轨之举？

　　在中国古代的典籍中，早有关于金缕玉衣的记载。《西京杂记》说："汉帝送死，皆珠襦玉匣，匣形如铠甲，连以金缕。"其中"珠襦玉匣"，即是金缕玉衣。在《后汉书·礼仪志》中有引自《汉旧礼》的说明："珠襦'以玉为襦'，如铠状，连缝之，以黄金为缕。"简单地说，金缕玉衣就是用金线将玉片缝制成的敛服。那为什么古人将金缕玉衣作为殓服呢？

　　这种丧葬习俗主要盛行于何时？它真的能像埃及的木乃伊一样使尸体千年不腐吗？金缕玉衣究竟如何？从汉代以后，就已经不被普通人所知道，长期以来，成为一个不解的谜。

　　我们将视野暂时转移到河北满城的陵山。据当地人传说，陵山上有先人的墓葬，而且，当地人的祖先就是当时被派来的守墓人。可是长久以来人们只把它当作传说而已，直到文革时期的1968年，这个传说终于得到了印证。

　　当时，一批解放军士兵正在当地施工，突然发现了一个古墓，并当即报告了当地的文管部门。在考古工作者的努力下，一个大型的西汉古墓葬出现在人们的眼前。原来墓葬的主人是西汉时景帝之子中山靖王刘胜。在其墓葬的旁边，还发掘了刘胜的妻子窦绾的墓葬。刘胜墓葬的发掘终于揭开了一个千古的谜团，并使人们第一次亲眼目睹了历史典籍中一再提到的金缕玉衣的真面目。此后，在全国各地又相继出土了中山怀王刘修、南炀侯刘迁、东昌侯刘祖等20多套金缕玉衣。但在这些金缕玉衣中，中山靖王的金缕玉衣是最精美的一件，现藏于河北省博物馆。它长172厘米，由2498片玉组成，所用金丝约1700克。玉衣分头部、上衣、裤子、手套和足共五部分，每部分又由若干部件组成。根据制成的玉衣推测，玉衣的制作工艺是相当复杂的，首先要根据死者的长短大小来切割玉料，然后，依据不同部分打磨成各种各样规格的薄片，并在每片玉上加以编号，在四角钻孔。最后，用金丝线缝缀成型。有些钻孔仅1毫米，工艺的繁杂和精密程度真是令人叹为观止。然而，对于人们将制作如此精美的金缕玉衣作为殓葬品的真正原因是什么呢？多年以来，人们多加揣测，莫衷一是。归纳起来，有如下几种说法。

其一，它是两汉之前的史前玉器由祭祀用品发展到殓葬用品的自然结果。事实上，在史前的新石器时代，就有了将玉器作为殓葬品的风俗。例如，在新石器时代的良渚文化出土的墓葬中，发现了大量的玉器，如璧、琮、璜、璋等。在《周礼》中有"疏璧琮以殓尸"的记载，郑玄解释："疏璧琮者，通于天地。"说明在新石器时代，人们已将玉器由祭祀用品发展到殓葬中，以表示对死者的尊敬。到了西周，已经在殓葬中出现了缀玉覆面，在陕西沣西西周中期的墓葬中发现了迄今最早的缀玉覆面的残件，计有眉、眼、耳、鼻、嘴五种，造型规整，表面刻有纹饰，其上都有用于穿线缝缀的小孔。在虢国墓地、晋侯墓地，发现了多套缀玉覆面。到了西汉初年的墓葬中，也曾经发现了玉衣，即只用玉片缝制的上衣。

其二，反映了当时独尊儒术的社会风气，是地位和身份的象征。孔子将玉比作君子。《礼记·聘义》载："夫昔者君子比德于玉焉。温润而泽，仁也；缜密以栗，智也，廉而不刿，义也。《诗经》曰：'言念君子，温其如玉，故君子贵之也。'"上古的风俗只有君子才配带玉器。后来人们就将配玉象征地位、身份和品德。而在西汉武帝时，"罢黜百家，独尊儒术"，金缕玉衣也主要是出土于西汉中期即汉武帝以后。这难道仅仅是一种巧合吗？看来殓葬中的金缕玉衣是显示死者地位尊贵且生前的美德符合儒家君子的形象。

其三，玉器殓葬可使尸身长期不朽，起到防腐的独特效果。据史书记载，这种迷信的说法在西汉时是非常流行的。如在《抱朴子》中曰："金玉在九窍，则死人为之不朽。"《后汉书》卷四十一说："凡贼所发，有玉匣殓者，率皆如生。"《西京杂记》曰："棺器天象形兆，尸身不坏，孔窍中有金玉，其余器物皆朽烂不可别。"既然人们都认为玉器可使尸身长期不坏，那么，王侯贵族们便要想尽办法用玉来保护自己的尸身也就不足为怪了。

到现在为止，人们不仅发现了金缕玉衣，而且还发现了银缕玉衣、铜缕玉衣，以及丝缕玉衣。使用玉衣进行殓葬一般是在汉代中期以后到东汉时期。而且，从皇帝到皇亲国戚，各地诸侯王、列侯所使用的玉衣都有等级贵贱之分，在《后汉书·礼仪志》中说："帝后使用金缕玉衣，诸侯王、列侯始封、贵人使用铜缕玉衣。"按金、银、铜、丝依次排列的墓主人的贵族等级也由高到低。绝不能逾制，否则会受到严惩。既然帝后才能使用金缕玉衣，那为什么刘胜墓用金缕玉衣呢？有人推测可能是因为皇帝特赦。事实上，在西汉中期后，现发现有很多诸侯都没有按规定使用。看来，在西汉中期时，因为金缕玉衣刚开始在殓葬中使用，所以，一方面，朝廷的殓服制度还不完善，王侯贵族们就借机僭越使用。皇亲国戚和豪强贵族也使用金缕。

更为有意思的是传说汉武帝的殓服也是金缕玉衣，但更为精致和豪华。在《西京杂记》中说："武帝匣上皆镂为蛟龙、鸾凤、龟鳞之象，世谓蛟龙玉匣。"但直到今天为止，位于西安附近的汉武帝茂陵还沉睡于地下。如果真像史书上记载，这些图案是在缀起来的片片玉块上独立雕刻，还是采用了其他的方式，那只有等到开启茂陵之后，可能才会真相大白。

中岳庙玉如意去向之谜

"如意"本来是用于搔痒的实用器物，后来刻有手指状的搔爬被创制出来后，如意的实用性便逐渐淡出，人们就把它当作吉祥如意的象征物。在众多的玉如意中，要数河南登封中岳庙的镇山之宝9件五色玉如意最为珍贵，它们是越南国王送给乾隆皇帝的礼物，乾隆又转赠给中岳庙，可是现在却出现在台北历史博物馆中。它们是中岳庙的镇山之宝吗？它们是怎样到台湾去的？

中国台北历史博物馆保存一组玉如意，共9只五色，由一柄水晶、两柄云碧、两柄白玉、一柄翡翠、一柄黄玛瑙以及两柄红白玛瑙组成，象征拥有无上权力的九五之尊并寓吉祥如意于其中。9只玉如意原藏河南登封中岳庙，后来由于某种原因离开了中岳庙，在流传的过程中曾经几易其手，于是有人怀疑，现今台北历史博物馆所收藏的这组玉如意是否就是河南登封中岳庙原藏的玉如意，还是来自他人的仿制？

"如意"在中国是一种象征吉祥的器物，用玉、竹、骨等刻成，头呈灵芝形成云状，柄稍微弯曲，主要是供人赏玩之用。

《稗史类编》说："如意者，古之瓜杖也，或用竹木，削作人手指爪，柄长可三尺许，或背脊有痒，手所不到，用以搔爬，如人意。"原来最早的如意就是搔爬物，人遇到脊背瘙痒而手不能及到时，就可用瓜杖搔之解痒，惬如人意，故古人非常形象地称它为"如意"。从如意的起源来看，它是一件很普通的俗物。后来如意受到统治阶层的宠爱，它的功能也多了起来。到清朝时如意已经是宫廷里贵重的礼品，在新皇即位、后妃生日、重大节日或大婚喜庆日，诸王公大臣都要向皇帝后妃进献如意。另外清代帝、后也把如意作为礼品赏赐给亲信的臣子，或者作为外国使者来朝时的馈赠品。可见如意在清朝时地位极高，不是作为一般的礼品使用。前面提到的9只玉如意就是越南使者向乾隆皇帝进贡的礼品。

乾隆十五年（1750），乾隆皇帝与皇太后、皇后率文武百官等百余人到中岳庙祭拜。河南登封县境内的嵩山，在五岳名山中称"中岳"。自汉武帝亲临登封后，就成为历代帝王祭祝封禅的道教名山。据说早在周灵王时仙人王子晋已在山中隐修，汉代著名的张道陵天师也曾在山中炼养。中岳嵩山之神曾受到历朝历代帝王的尊崇，唐代被封为"天中王"，宋代则被捧上"中天崇圣帝"的宝座。祭拜嵩山山神的建筑秦时称"太室祠"，经历代王朝多次拨款维修，后来成为宏伟壮观的中岳庙。乾隆皇帝虽然是属于异族入主中原，但到他这一代，满族所受汉化的程度已经很深，就他本人而言，对汉文化造诣已经达到很高的层次并熟悉汉家的礼仪，也出于拉拢汉族知识分子的目的，因此他自然不会错过祭拜中岳庙的机会。当他正在中岳庙举行祭拜仪式时，越南的使者携带着9只玉如意风尘仆仆地赶到清的京城，结果扑了个空。当得知乾隆皇帝在河南嵩山中岳庙祭拜时，越南使者决定立即赶往中岳，要亲手将礼物交给乾隆皇帝。乾隆皇帝收到礼物十分高兴。当祭拜完毕后，乾隆皇帝并没有把这9只玉如意带回京城，而是把它御赐给中岳庙作为镇山之宝，以作为今后每年祭祀所用。

由于9只玉如意是御赐之物，在当时已是难得一见的稀世之宝，中岳庙自感庙里人手不足，并且安全设施有限，深怕遗失，责任承担不起，于是把它转交给登封县衙保存。这些宝物既为钦赐，地方官吏自然不敢掉以轻心，就把其珍藏在登封县衙内，特意修建了一间房专门供奉玉如意，并规定除了皇帝祭拜中岳庙可以拆封使用外，其余的人一律不能随便拆封。在后来的官吏交接班中也形成了这样一个规矩：先拜如意后交接。在这样严密的保护措施下，9只玉如意在登封尽管曾遭遇过大火，但多年依然无恙。民国初年9只玉如意被河南督军赵倜强行索去，他想据为己有。冯玉祥继任豫督后，费尽周折才向赵倜讨回，然后交还当地的博物馆保管并展出。后来交由河南省教育厅管理，再也没有归还登封。抗战爆发后，国民党河南政府生恐国宝落入日寇手中，于是让9柄玉如意随50箱河南文物运抵重庆。1949年随着蒋家王朝的溃败，9只玉如意又被运到台湾，由台北历史博物馆暂为保管。台北历史博物馆在开始展出这组玉如意时，曾在说明中注明此物之来历，但有一段时间，说明和来历都不注明。后来在展览的过程中，生长在登封的杨祥麟先生发现了台北历史博物馆这一疏漏，他于是联合其他人积极呼吁，台北历史博物馆才又重新注明玉如意来历："为河南嵩山镇山之宝，系清乾隆时越南贡物。"

虽然台北历史博物馆把9只玉如意定性为就是来源于河南登封中岳庙的玉如意，但也给人猜疑的地方。9只玉如意离开登封是由于河南督军赵倜的原因，而赵倜对9只玉如意的态度很明确，就是想把这稀世之宝放入囊中，变为私产。后来冯玉祥虽然从赵倜处拿回来了，但是不是原来赵倜从登封索去的那组中岳庙玉如意？赵倜当时财大气粗，他会不会采取偷梁换柱之计，把真的据为己有，而把赝品交给冯玉祥？即使赵倜交出的是他得自中

金錾花如意香薰

岳庙的玉如意，但后来9只玉如意在战乱期间被辗转迁移，当时对文物的管制不是很有序的，会不会有人在这过程中混水摸鱼，实施了调包计？另外就是台北博物馆曾在一段时间内没有标明9只玉如意的出处，这好像有点违背文物展览的常规。他们为什么要这样做？是由于工作的疏忽还是另有他因？现在都没有一个权威的说法。现今台北历史博物馆所保存的9只玉如意，真是充满了谜。

随侯珠之谜

人们常说"春秋二宝"，乃指"随侯珠"及"和氏璧"。《辞海》中"随和"一词下注释道："随侯之珠，卞和之璧，皆至宝也，故随和并称。"（见旧《辞海》戌集）"和氏璧"因"完璧归赵"这个典故而家喻户晓；而"随侯珠"虽然也有"随珠弹雀"的典故，却不太为大家所熟悉。关于"随侯珠"还有一个神话传说呢！

据《随州志》记载：春秋随侯是汉东国姬姓诸侯。随侯出游，见一大蛇伤断，顿生怜悯之心，令人以药敷而涂之，蛇愈，于夜中衔大珠以报随侯救命之恩。旧《随州志》上还记有"蛇衔珠吐于堂外曰：'我龙王子也，感君活命，故来报德'"（见新《随州志·卷十四·古迹》）。

据《搜神记》记载："随县溠水侧，有断蛇丘。随侯出行，见大蛇，被伤中断，疑其灵异，使人以药封之，蛇乃能走。因号其处'断蛇丘'。岁余，蛇衔明珠以报之。珠径盈寸，纯白，而夜有光明，如月之照，可以烛室。故谓之'随侯珠'，亦曰'灵蛇珠'，又曰'明月珠'。"（见《搜神记》，中华书局1979年版）《淮南子》中也有类似记载，只有"蛇于江中衔大珠以报之"一句稍有不同。现在湖北省随州市城内，还有"断蛇丘"、"夜光池"等地名。

那么，随侯珠究竟是神话的产物，还是现实世界的客观实体呢？

笔者认为随侯珠应是客观现实中的实体。它应当是一颗熠熠生辉、照夜如昼的夜明珠。古代有不少关于夜明珠的传说，而且还写进了诗篇。如宋之问诗"不愁明月尽，自有夜珠来"，李商隐诗"九枝灯檠夜珠圆"等。在《开元天宝遗事》中还记载："虢国夫人有夜明枕，设于堂中，光照一室，不假灯烛"（见旧《辞源续编》丑集《夜明枕》注）一事。"夜明枕"与"随侯珠"有同工之妙。只是灵蛇献珠的神话，给"随侯珠"披上了一层神秘的面纱。"随侯珠"究竟是何物呢？

镶珠宝钿子

从《辞海》中《随珠弹雀》的注释"成玄英疏：'随国近濮水，濮水出宝珠，即是灵蛇所衔以报恩，随侯所得者，故谓之随侯之珠也。'"（见旧《辞海》戌集）以及《淮南子》中的"蛇于江中衔大珠"可以看出，随侯珠应当是来自水中的"珍珠"。根据现代科学研究，知道珍珠是贝类动物的特殊胶体胶结起来的碳酸钙晶体。每颗珍珠含90%以上的碳酸钙和4%左右的水分，珍珠表面是一层光彩的角质素，水分子多胶含在其中。珍珠就是靠了这水分使其闪亮生辉。晚上没有光亮，珍珠是不可能发光的。而且，长期不使用的珍珠，容易跑掉水分，大约经过六七十年就会使水分失去一半，光泽大减；若再过六七十年就会变成一抔泥土了。由此可知，珍珠的寿命也不长。科普作家饶忠华在《三十六计与夜明珠》一文中，引用了某报上发的一则消息："1900年，李鸿章与瓦德西订了条约，赔偿四万万两白银，慈禧太后将头上的四颗夜明珠摘下来，作为信物，派遣了一个小宫女送去。小宫女见到要把宝贝送给外国，非常气愤，就拿了宝物隐入民间。后来，在西安发现了四颗夜明珠，并经郭沫若考证，这正是失踪多年的慈禧头上的夜明珠。"消息中还说："晚上进屋未开灯，一抽屉子，即见满屋放出耀眼的白光。"（见《青年科学》1982年第9期）这四颗夜明珠传到慈禧太后手中之前，至少已有几十年的历史，照此推算到郭沫若考证时，至少有100年的历史，如果是珍珠的话，早已该"人老珠黄"了，怎么还能"放出耀眼的白光"呢？因此，根据上述两个原因，随侯珠不可能是珍珠。

《史记·邹阳传》中记有"随侯之珠，夜光之璧"（见旧《辞海》戌集）。璧者，玉也。历史文献上记载和氏璧是"光彩射人"的玉石，随侯珠也应是一种能发光的玉石。现在已经知道，自然界许多矿物和岩石都能发光。如磷在空气中氧化能发光；萤石发光，因萤石中混入硫化砷；钻石能发光，因为其成分中含有磷质，它们在白天经太阳曝晒，发生"激化"，晚上就会释放出能量来，变成美丽的蓝光或蓝色火焰。

近年的科学发现，似乎更加证实了这种观点。

1982年11月，广东省冶金地质勘探公司地质科霍永锵等同志，到广东某矿山考察，在选矿带上发现了一种浅棕色的萤石，在无光亮的夜间，相距3米远，即可看到清晰的光。光呈浅蓝、浅绿、浅紫到深紫色，非常美丽（见《青年科学》1984年第9期）。

综上所述，随侯珠应当确有其物，而且应当是一颗发光的、十分珍贵的萤石。只不过像"和氏璧"一样，现在已经失踪了。当然，要知道它的真相，还得找回原物。

陶　　瓷

半坡人面鱼纹彩陶盆之谜

西安半坡仰韶文化遗址出土的彩陶，可以说是迄今发现的中国最早的绘画作品。有一件陶盆内壁用黑彩描绘了人面鱼纹图，关于这个人面鱼纹图的神秘意义，有学者认为它反映了先民的祖先崇拜，有人认为是生殖崇拜或鱼图腾崇拜，也有人猜测是珥鱼巫师的形象或仅仅是装饰画。

　　陶器是原始社会的人们创造的第一种日常生活用具，而且是人类进入新石器时代的一个重要标志。彩陶在实用基础上以其丰富多样的图案和纹饰具有了极其珍贵的审美价值，被作为中国艺术的重要源头而备受后世学者的推崇。在彩陶的众多纹饰中，有一种充满神秘感的特殊纹饰，至今人们仍不能理解其蕴藏的无穷内涵，那就是1955年出土于陕西西安半坡遗址的彩陶盆人面鱼纹饰。

　　彩陶首先出现于新石器时代的仰韶文化，其特征是用红、黑、赭等颜色，在陶胎上描绘出各种图案和纹饰，然后在火炉中烧制而成，因此彩陶不仅具备了陶器的实用性，而且因其精美的纹饰还具备了极强的艺术感染力。反映了原始社会先祖们独特的审美观念。一般而言，人们对彩陶的研究主要集中在两个方面：一是它精美绝伦的器形特征，二是它那些神秘莫测的特殊纹饰。尤其是后者，人们不断地从各种角度推测、探讨，企图对这些独特的图案作出合理的解释，因此，关于彩陶纹饰含义的解释多达几十种，其中对人面鱼纹图案的解释就有二十余种。

　　到底什么是人面鱼纹呢？1955年，在陕西省西安市半坡遗址出土了一件彩陶盆，浅腹，底部接近平坦，陶盆内壁用黑彩描绘出由人面和鱼纹混合组成的图案，人头呈现圆形，两条弯眉又细又长，上面涂成黑色，眼睛是一条直线，鼻子呈现倒丁字形，嘴形是漏斗状的，头顶上还有一个三角形高高的发髻，嘴下面全部涂成黑色，在嘴的两边有鱼形的纹饰，更为奇特的是，在两耳旁边也各有一条鱼，鱼头和鱼身都呈三角形。

　　因为人面鱼纹的独特和神秘，使其成为最具艺术价值的彩陶纹饰。它最早被发现于仰韶文化半坡类型的彩陶盆上，以后又陆续在庙底沟、大河村类型中发现。后世的专家学者通过对彩陶纹饰的研究，人们将彩绘的形式大致上分为两种：一种是图案，即几何图形和各种植物花纹，一种是写实，即各种自然现象和现实中的日常生活片段，是人们对现实生活细致观察后的反映。人面鱼纹作为写实绘画，可能正是当时渔猎经济情景的真实反映，体现了当时人与自然的关系，是先民们对生存环境的客观认识，但是，这仅仅是一种推测，关于人面鱼纹饰蕴含的真正意义，历来可谓众说纷纭，莫衷一是。主要有几种说法：

半坡人面鱼纹彩陶盆

首先是崇拜说。其一认为是祖先崇拜。有人认为这是原始先民幻想中祖先形象的真实写照，人们按照自己的样子而描绘出了祖先的真容，又绘上了具有明显特征的鱼类躯体，因而产生了"人面鱼身"这一图腾形象，把自己的祖先描绘成半人半鱼的形象，正说明他们认为自己就是人与鱼合婚后所繁衍的子孙后代。但也有人持不同的看法，他们认为既然鱼作为祖先来加以崇拜，那么照理祖先是不能被猎杀的，然而，事实是在半坡遗址中出土了大量渔猎工具，这显然与先人们将之作为图腾崇拜是相矛盾的。其二认为是生殖崇拜。原始社会人们经常以鱼为食，在长期的捕食过程中，发现鱼有惊人的生殖能力，因而产生了由衷的崇拜。赵国华在《生殖崇拜文化论》一书中指出："半坡先民精工特制了彩陶，绘上特别的鱼纹，用以举行特别的鱼祭，那些鱼纹仍然有特殊的含义，从表象观察，是半坡先民崇拜鱼类，从深层分析，则是他们将鱼作为女阴的象征，实行生殖崇拜，尤其是祈求人口繁盛。"当然，对此种解释，也有人采取怀疑态度，程金诚在《远古神韵》一书中认为："鱼纹是一种既具有象生纹样特点，又有几何纹样特点的纹样，作为象生纹样，它的意蕴主要反映了原始人类与鱼的一种特殊关系，这种关系中也可能包含着以鱼象征生殖繁衍的观念，但绝不仅限于此。"作为几何纹样，也就是说鱼形被抽象变体，并被纳入到一种几何纹样的图案中，这时，鱼纹的主要功能和意义是为了图案的美观和适宜，它的形式的含义超过了概念的意味。因此，认为赵国华的观点"是忽视研究对象本身特点的一种表现"。其三认为是图腾崇拜。远古时代，图腾崇拜非常广泛，所以有人认为彩陶上的单体鱼纹和复体鱼纹，人面鱼纹和图案化的象征性鱼纹等，可能是一个氏族内各个家族为了相互区别，便以同一图腾动物的变体纹样作为标识，这样，从纹样上可以看出它属于哪一个氏族，同时也可以与其他部族相互区分。当代学者李泽厚在《美的历程》中指出"动物形象到几何图案的陶器纹饰，具有氏族图腾的神圣含义"，并认为鱼纹就是半坡类型氏族的图腾。而对此持怀疑态度的人认为在同一地区包含着无数个部落和部落联盟，即一种文化类型不可能只有一种图腾，而同一部落内也可能信奉不同的图腾。

其次是巫术说。在远古时代，人们对自然万物充满了神秘感，因而产生了万物有灵的观念，在这样的观念下，原始巫术盛行。因而基于对这一历史文化背景的认识，有人提出，人面鱼纹实际是巫师在进行巫术活动时所戴的一种面具，半坡人面鱼纹饰是戴着鱼形帽子的巫师形象，如果从这个角度来看，也是半坡人对鱼施加巫术影响所用的面具。原始人在渔猎活动中，通过巫师进行的巫术活动，可以使鱼自动地投入网中，细观人面鱼纹饰，表面的前额涂黑，还留出一块弯曲的空白，似乎还符合"阴阳脸"的形状，切合巫师的身份。

最后一种说法认为是装饰的图案。有人认为是氏族成员在举行宗教仪式或祭祀等活动时的特殊装饰，在一些古老的少数民族中，仍残存着许多戴着特殊装饰物进行节庆活动的礼仪。有人又认为是鲸面纹身说，通过仔细观察人面鱼纹饰，可以看到人面上有不少块纹，这正是当时人喜欢鲸面的反映。

当然除了以上几种说法外，还有几种非主流说法如权利象征说、摸鱼图像说，以及婴儿出生图等，总之对于人面鱼纹饰包含的精神指向，到目前也没有一个统一的被公认的答案，因而，人面鱼纹饰的真实含义也就成为了学术界的一大未解之谜。

柳湾遗址裸体人像彩陶壶之谜

柳湾是青海省乐都县高庙镇辖下的一个小山村，在20世纪70年代发现了原始社会的墓葬群，获得4万件文物，其中属马家窑文化的彩陶就占了约3万件。如今在墓地旁建造了中国唯一的一座彩陶博物馆。那么这个彩陶王国是怎样被发现的？其中有一件裸体人像彩陶壶，除了绘有黑彩圆圈、蛙纹外，还捏塑了一个形象生动、憨态可掬的裸体人像，人体既像男子又像女子，考古学家就人像的象征意义发生了分歧。

柳湾是青海省乐都县高庙镇的一个小村庄，依山傍水，北有祁连山脉，南有黄河上游最大的支流——湟水。这里气候宜人，地势开阔，杨柳广植。著名的柳湾原始社会氏族聚落遗址和墓葬群就在这里；它是迄今为止我国考古发掘规模最大的一处史前时期的氏族公社公共墓地。而谁能知道，在这块土地上，曾经是先民生活的舞台，是青海史前文化重要的历史积淀。

柳湾墓群的发现比较偶然。由于历史文化知识的缺乏，祖祖辈辈生活在柳湾的村民对当地随处可见的陶器陶片不以为然，他们只知道日复一日地重复着平整土地、修筑梯田、挖渠引水的农业劳作，丝毫没有意识到身边这些彩陶的宝贵价值，因而将彩陶随手拎起、随意拍碎的司空见惯，更有不少村民认为把坟墓中的东西拿回家，会不吉利的。只有胆大者把少量的彩陶带回家，用于放置菜种、烟叶末等。也有年幼无知的放羊娃们，将一个个彩陶搬上山顶，当作玩物，顺坡滚下，看谁的"玩具"最后破碎，以此来比赛输赢，在天真无邪中付出了昂贵的代价。1974年的春天，解放军某部医疗队正在驻村医疗，一名具有一些历史知识的军医，看

裸体人像彩陶壶

到村民家中的彩陶，深知这些器物所蕴含的内在价值，急忙拿了几件陶器、石器，把情况向有关部门汇报。经青海省文物考古专家鉴定，确认为马家窑文化的彩陶。之后，国家文物局组织中科院考古研究所、北京大学历史系、青海省考古队等单位进行了发掘。经过1974至1985年十几年的艰苦发掘，埋藏于地下近4600多年的古代文明终于被考古工作者逐一揭示出来。柳湾墓地的神秘面纱同时揭开：1730座墓葬横空出世，近4万件文物随墓出土，真是琳琅满目，令人遐想联翩，叹为观止。这一切让世人惊奇，让文物工作者们兴奋不已。顿时，全中国乃至全世界都为之震惊。"柳湾"这一别说在中国地图，就连青海省地图也很难找到的地名，从此名扬四海，考古学家、历史学家纷纷前来考察，中外游客也慕名接踵而至，争睹"彩陶王国"的风采。现已开辟成为青海省著名的文化旅游景点。

柳湾墓群是新石器时代及青铜时代的文化遗存，总面积约11.25万平方米，文化性质包容了马家窑文化的半山类型、马厂类型以及齐家文化和辛店文化等四种文化类型。据碳十四测定，其年代距今约3000—4600年，前后延续时间长达1600年之久。随着墓地的全面揭露，初步搞清了这四种文化类型的先后顺序及演变关系，也纠正并补充了瑞典学者安特生于20世纪20年代在甘青地区考古时提出的一些错误及片面观点，为研究私有制产生及阶级的起源等问题，提供了较新、较好的实物例证。

彩陶是先民们居家生活的用具。造型多样、纹饰繁缛、构图奇妙是柳湾彩陶的一大特征。柳湾出土了壶、罐、盆、钵、碗、豆、瓮、尊、鬲、盂、杯、桶等各种器形的陶器近2万多件，在发掘的同时，还陆续征集到了一批散落于村民家中的彩陶。1975年，村民引水灌溉农田时被水冲出几件陶器，其中最引人注意的是裸体人像彩陶壶，器物发现后，当时被村民带回了家，工作人员获知消息赶忙前去征集，村民很爽快地捐献了出来。该彩陶壶高33.4厘米，口径19厘米，侈口、小颈、鼓腹、平底，在陶器的一侧用黑彩绘圆圈纹和蛙纹，另一侧的肩部表面，捏塑有形象生动、憨态可掬的裸体人像，它是迄今为止发现最早、最完整的人体全裸塑像，头部、四肢、五官俱全：长眼睛，大嘴，高鼻梁，双臂捧腹，表现了陶工们高超的艺术技巧和充实的精神世界，无不凝聚着彩陶艺术的无穷魅力，是彩陶文物中一件难得的珍品。尤其是彩陶壶上袒露的乳房和生殖器官，既有男阳特点，又有女阴特征。在其性别问题上，学术界至今仍有不同的看法，争论的焦点是人像所表现的性别和反映的问题。目前有四种观点：①男性，是马厂时期进入父系氏族社会后期男性崇拜的象征；②女性，是原始社会人们祈求丰收和人口增殖的一种巫术道具；③男女复合体，是马厂时期以一夫一妻制为主，或者父权与母权斗争时期"两性同体"崇拜的产物；④反映了当时的生殖崇拜，双手捧腹，口大张，正是妇女生孩子时的情状。孰是孰非，尚无定论，真是众说纷纭，莫衷一是。这件被国家定为一级品的珍贵文物现藏于中国国家博物馆。

目前，青海柳湾是中国乃至全世界出土彩陶最集中的地方，被誉为"彩陶王国"，成为彩陶荟萃的艺术宝库。在日本友人小岛镣次郎先生的无偿援助下，柳湾遗址现已建成了我国最大的、唯一的专题彩陶博物馆。

红山文化孕妇陶俑之谜

被称为"东方维纳斯"的红山文化孕妇陶俑也是一件具有神秘色彩的陶器：它似乎在向人们叙述一个女性崇拜的故事；或在祈求神灵赐予她顺利产下婴儿的力量；又似乎在诱导小伙子，想要后代，就去追姑娘……可是，毕竟是前尘往事，人们终究无法猜透当时那位塑造者的心思。

红山文化是长城以北一支重要的考古学文化，主要分布在辽宁西部、内蒙古东南部、河北北部地区。在20世纪70年代末80年代初出土了一批陶塑女神像，其中最引人瞩目的是两件女性特征明显的小型裸体孕妇塑像：身体肥硕圆润，左臂曲于胸前，小腹圆鼓，臀部肥大凸起，有明显的阴部记号，下肢略弯曲，头、右臂及足均残，其中一件通体经过精心打磨光滑，似有彩绘，残高5至5.8厘米。这些精美的人像雕刻可与西方的维纳斯相媲美，被誉为东方的维纳斯。这些女神像到底代表了古代人们怎样的神灵观念？许多学者都发表了自己的看法，但意见不一。

有的学者根据孕妇陶俑的体形特征：腹部隆起、臀部肥大，女阴明显，认为这是生殖的象征，表达了当时人们对母亲的崇拜，对孕育、生产新生命的崇拜，以及祈求多生多育的愿望，进而认为塑造这种孕妇陶俑应该与古人祈求生育有关。在很早的时期女人的生育能力就被视为一种神圣的力量，在当时的文化条件下，古人没法理解这种神圣的力量的来源，并受"万物有灵"观念的影响，于是认为是神灵所赐予的。在神灵崇拜的过程中，逐渐产生了一个生育女神，认为是由这个受到人们感激和赞美的女神去管理那神圣的力量。在古人朴素的宗教信仰中，这个女神自然就被塑造为具备女性生殖时所体现出来的特征。在古代社会里，人的寿命很短，妇女所承担的繁衍功能就显得很重要。古人正是通过塑造孕妇陶俑这种女神的方式，以祈求多生多育。

孕妇陶俑体现的是女性形象，并且红山文化正处在母系氏族时期，于是有的学者认为塑造孕妇陶俑与祖先崇拜有关。红山文化已经进入新石器时代，除了采集和狩猎，原始农业和制陶业也已出现，氏族居所已相对稳定，但生产力仍然十分低下。人们为了获取必须的生活资料和生存空间，既要同自然界展开斗争，也要与其他氏族进行残酷斗争，这就必须依靠部落的联合力量和集体行动来弥补个体自卫能力的不足。此时人类自身的再生产是发展生产力的关键，人口众多的部落在生存斗争中占有优势，而女性是人类再生产的唯一载体。所以在新石器时代早期，女性在社会生活中占主导地位。在氏族外婚姻的条件下，子女只知其母，而不识其父，血缘只能依从母亲。多子女的母亲，在生前受到子孙的爱戴和死后受到部落的尊崇是很自然的。这种现象世代相传，逐渐将祖先神格化，而敬重顶礼成为女神。这些塑像多为孕妇或高产妇女的形象，既表现了女性崇拜，也是早期母系氏族社会的真实反映。部落的先民在与自然界的斗争中，由于生产力的低下，瘟疫和自然灾害的侵袭，相对处于软弱地位，加之他们对生殖机制的不理解，而产生畏惧，敬奉女神，以此来缓解自然法则对人类生存的限制，求得氏族的繁荣与平安。

除了把孕妇陶俑和祈求生育、祖先崇拜联系起来外，有的学者还认为孕妇陶俑与土地神崇拜有关。与红山文化女神像同类的雕塑在国外早有发现，尤其是在旧石器遗址中，她们是作为丰产巫术的工具而存在，而她们之所以能使丰产巫术得到实现，首先就是因为塑造她们的目的主要是与土地的接触为主的。她们的腿被省略了，这种简化很明显具有某种特殊功用，就是便于这些雕像和地面接触，可以直接把她们插入土中。这样，这些雕像主与看似与之没有任何联系的土地发生了关系，这种接触认为是绝对必要的，因为在这一套丰产巫术仪式中，女性雕像要通过与土地的联系，感染其不断结出丰盛果实的能力，从而获得她的生殖能力，同时人又通过与雕像的接触而使自己获得生殖的能力。在这一套丰产巫术中，我们可以看出原始人类对土地的敬仰。另外在红山文化一些遗址的女神庙前发现了几个灰坑，里面有经过加工挑选的动物的骨头，显然这不是普通的垃圾坑，而是体现了一种祭祀方式。这种祭祀方式与古人祭祀土地神的方式一样，古人对土地神的祭祀是直接把祭品埋入土中。因此祭祀女神的几个灰坑应该就是红山文化先民以女神为表征的祭祀土地神的活动的遗迹。土地神在当时被认为是万物的创造者，又是祖先物，万物由它所出，而农产品是红山先民最主要的经济来源，对大地母神的崇敬必然是他们的精神选择。还有的学者认为塑造孕妇陶俑与母系社会母权制有关。妇女在氏族社会中居于支配地位，从而塑造女性陶俑就不足为奇了，体现了妇女在当时所处的社会地位。

也许红山先民塑造孕妇陶俑本身就根本没蕴含什么观念，只是他们朴素审美情趣的一种客观反映。妇女在怀孕期间，面对即将迎来新生的生命，内心有一种自豪感和极大的幸福感，这时候整个身心都处于愉悦的状态，母性表露无遗，因此看上去比平时更富有感染力。红山先民在朴素的审美观念支配下，以灵巧的双手雕塑了沉浸于孕期幸福生活的妇女。可能就是一种客观的记录，并没有我们后人所猜想的种种复杂内涵。

红山文化距今已经好几千年了，当时的文字还没有产生，社会情况也相当的复杂，对先民们的举动很难猜得透。仅仅是以现代人的目光去猜测他们的行为是不足以取的，看来要具体准确地了解红山先民为什么塑造孕妇陶俑，具有相当大的难度。而学者们的任何一种说法，都是自己的一家之言，对于塑造孕妇陶俑的初衷到底是什么，只能是个谜了。

金 属 器 皿

大禹九鼎沦没之谜

　　相传大禹治水成功，将全国陆地划成九个州。各州长官向大禹进贡铜材，大禹用它铸造了九个大鼎，九鼎成为国家权力的象征。夏桀亡，鼎迁于商；商纣亡，鼎迁于周。可是周亡后，秦朝却只获得八鼎。据迁鼎的将士称，另一只鼎被大风刮到泗水里了。秦始皇派人打捞，结果当然是水中捞月。学术界对此事有两种截然相反的意见：一说大禹根本没有铸造九鼎，因为所有的考古发掘说明，大禹时代还没有能力铸造大鼎；一说认为大禹铸造过九鼎，只是尚未找到实物而已。

　　大禹用开河渠疏导滔滔洪水的方法，成功地引水入海，使那些被水淹浸的陆地重新得以耕种和居住，于是产生了九州的概念。他曾利用九州牧贡献的铜材铸造了九个大鼎。"铸鼎象物"，鼎上铸有许多纹饰，"使民知神奸"。夏桀败亡，鼎迁于商；武王克商，鼎迁于周。春秋时的楚庄王称霸，希望知道九鼎的实情。周王室的使者讲了一通外交辞令作搪塞。后来秦灭周，秦始皇派了一支军队去雒邑迁鼎，搬回了八鼎。将士向秦始皇谎称在半途起了大风，将一鼎刮到了泗水中。秦始皇也不想一想，在雒邑迁鼎的将士怎么会知道鼎落到远在数百里外的泗水中，竟在东巡泰山后折而南至徐州，真的派人在泗水中打捞，结果如同水中捞月。《史记》对于秦始皇所得的八鼎语焉不详，它们是否是大禹所铸的鼎？大小轻重如何？又有什么样的纹饰？是方的还是圆的？尽管我们现在从地下获得了不少商鼎和周鼎，考古资料也说明了夏代已经进入了青铜时代，但目前尚未获得大禹鼎，于是人们还提出大禹是否真的铸造过九鼎的疑问。

　　《逸周书·克殷解》记载：周武王在牧野之战获胜后，就把九鼎从商都迁走了。不过未说明所迁之鼎是大禹的九鼎还是商鼎，更没有说明鼎之大小轻重

及形制。虽然按理九鼎应该迁至周武的都城镐京，可是王孙满却说九鼎在郏鄏（东周的都城雒邑）。我们姑且把当时的情况作这样的理解：由于九鼎过分巨大和沉重，武王的将士们把它们搬到郏鄏就作罢。后来周成王在郏鄏营建东都雒邑，九鼎因此在雒邑。《克殷解》的不详尚可忽略不计。

　　公元前606年，雄心勃勃的楚庄王为了帮助周王室，率领军队攻打盘踞在东周都城雒邑附近的戎人，获胜后驻军于周的领土内。周定王派王孙满慰劳，楚庄王便乘

机问鼎之大小轻重。王孙满敏感地回答："在德不在鼎。"意为想要统治天下，靠的是道德和才能，不是靠既大又重的鼎。接着他又讲了大禹因为有德，铸造了九鼎，夏桀因为"昏德"而鼎迁于商；商纣王暴虐而鼎迁于周的事，并说："德之休明，虽小，重也；其奸回昏乱，虽大，轻也。"还告诫庄王：东周虽然不如西周强大，但周成王曾经占卜过，周王室享有700年的天命，而现在不是改天命的时候。把庄王欲取代周天子地位的野心挡了回去。碰了一鼻子灰的楚庄王则以"折勾之喙足以为九鼎"的话来挽回面子。这一个故事就是成语"问鼎中原"的典故。《左传·宣公三年》的这一则记载也是有关大禹铸九鼎的重要资料。

王孙满虽然说得头头是道，但是其中还是存在着疑问：既然大禹所铸造的九鼎在周王室，王孙满又明知"天命未改"，告诉楚庄王又何妨？如果具有绅士气度，就是让楚庄王参观九鼎，又有什么关系？莫非其中有鬼！周王室所拥有的九鼎可能并非大禹鼎，甚而至于可能不是商鼎，很有可能是周王室自己铸造的象征天子权力的九鼎。天机不可泄露，因此他只能用一番大道理去搪塞楚庄王。

稍晚于《左传》的《墨子·耕柱》却说："昔者夏后开使蜚廉折金于山川，陶铸之于昆吾，是使翁难雉乙卜于白若之龟，鼎成三足而方，不炊而自烹，不举而自臧，不迁而自行。"铸造成九鼎者不是大禹，而是其子夏启；所用的铜材不是九州牧所贡的金，而是由蜚廉采矿所得。虽然《耕柱》描绘了夏鼎"三足而方"的形制，又进行了神化，可是鼎的铸造者是大禹还是夏启，难以考定。再说，我们现在能看到的方鼎都是四足的，圆鼎才是三足的。

西汉编定的《战国策》记载了秦昭王兴师动众去东周搬九鼎的故事，东周君臣一片恐慌，谋士颜率献计，要齐国派军队救东周。结果齐王也想得到九鼎，颜率就劝说齐王：鼎又大又重，每一个需要9万人来拉，迁九鼎则需81万人，还要带上许多器具；再说，运鼎须经过魏国的国境，魏国也一直觊觎着九鼎，恐怕鼎未到齐国就被打劫了。齐王也只得暂时作罢。《战国策》所叙事情往往有夸大成分，而当时的秦、魏、齐、楚都觊觎着九鼎则是事实。可是《战国策》也没有说明东周的九鼎究竟是怎么回事。

进入信史时代的《史记》有三种记载：其一，《秦本纪》说秦昭王五十二年（前255）灭东周，"其器九鼎入秦"，唐张守节《正义》说："秦昭王取九鼎，其一飞入泗水"；其二，《秦始皇本纪》说：秦始皇东巡泰山，折而南下，举行了祭祀仪式，"欲出周鼎泗水，使千人没水求之，弗得"；其三，《封禅书》曰：禹铸九鼎，"遭圣则兴，鼎迁于夏商。周德衰，宋之社亡，鼎乃沦没，伏而不见"；"秦灭周，周之九鼎入于秦。或曰：宋太丘社亡，而鼎没于泗水彭城下"。这种记载透露了一个信息：秦朝所获得的是"周鼎"。

不过另外的疑问也出现了：秦获得的周鼎是8个，还是9个？究竟是一个周鼎入于泗水，还是陈列于宋社的九鼎沉于泗水？秦始皇派人打捞的是一个周鼎，还是9个"商鼎"或者是大禹鼎？秦朝所得的八鼎又在何处？《克殷的是什么鼎？ 司马迁为什么要把宋社的鼎拉扯到一起叙述？ 这许多疑问看来只有在从地下获得大禹鼎后才能怡然冰释。

大禹或夏启是否铸造过九鼎？ 至今尚存在两种不同的看法。

一种意见认为： 从目前考古获得的时间相当于夏代的青铜器均为小件器皿，而且铸造工艺较粗劣，故夏初不可能铸造偌大的九鼎，史书所记乃是传说，是商周统治者的伪托之辞。

另一种意见认为：虽然时间相当于夏代的二里头文化、东下冯等遗址出土的青铜器不足以证明夏初有能力铸造大鼎，但是这些青铜器并非那个时代的全部。大禹夏启当掌握了当时最高级的铸造技术，仍有可能铸造大鼎，期待未来的考古发现吧！若后一种意见成立，大禹鼎尚能重见天日。

可是笔者还要提出两种意见： 第一，即使大禹或夏启铸造成9个大鼎，可是由于它们是夏王朝权力的象征，商代得到后就把它们熔毁，添加一些新材料后铸成商鼎； 周武王所迁的则有可能是商鼎，他也把它们熔毁后铸造成周鼎；及秦朝获得的八鼎或九鼎有可能焚毁于项羽之火烧咸阳。此说的依据是成语"革故鼎新"。《周易·杂卦》说"革，去故也；鼎，取新也"。这条记录多少透露了商毁夏鼎、周毁商鼎的信息。第二，夏初真的铸造过九鼎，也真的三代相承受，及战国后期，分裂后的周赧王自知难逃厄运，就组织人力把九鼎深埋于地下了，秦朝所得的乃是周王室某公卿的八鼎。因此，秦朝史官乃至司马迁都没法清楚地记载这些鼎。若笔者的后一种意见能成立，大禹鼎尚能重见天日！

司母戊鼎用途之谜

"司母戊"大方鼎几乎是众所周知的商代青铜重器。可是，"司母戊"之"司"究竟是什么含义？"戊"又是哪一个商王之后？ 大鼎有什么用途？ 它是怎样被发现的？ 为什么鼎的立耳和腿足上会有裂痕？ 这些至今还是难解之谜。

我们在中国国家博物馆的陈列大厅里看到一个庄严、厚重的一个商代大方鼎——司母戊鼎。鼎的整体呈长方形而略有倒拔，上口径长110厘米，宽78厘米，通高133厘米，重832.84公斤。它是迄今为止发现的全世界最大的青铜器。鼎的两侧连着口沿铸有两个大立耳，耳的外侧饰有虎噬人的图案。鼎的内腹铸有"司母戊"三个大字。鼎的外壁每面饰有兽面纹、云雷纹、牛首纹等多种图案。四个圆柱形足连着鼎腹，柱足饰有兽面纹。司母戊大方鼎以形体巨大、图案和纹饰精美而著称于世，具有凝重和精美相结合的艺术魅力。然而，大方鼎的拥有者和铸造者为谁？大方鼎有什么功用？它是怎样被发现的？立耳和四足为什么有伤痕？这些问题还一直困扰着我们。

司母戊方鼎

我们不妨先来读一则与商鼎有关的故事。商王武丁名昭，在位59年，史称商代的中兴之主。武丁执政时，就像他的先祖一样尊神，并率领民众"事神"，循规蹈矩地举行各种祭祀活动。这种利用民众信神敬天的心理来统治民众的政治称为神权政治。有一次，武丁举行祭祀祖先成汤的仪式，这是商代为期两天的重大祭祖活动。武丁率领大臣和巫师们做好了一切准备，宗庙里陈列着乐器，广场上排列着九个大方鼎，鼎里烧煮了牛羊猪三牲，各种酒器里倒满醇厚的醴酒，其他青铜礼器中也盛满了时令食品。在举行了必要的仪式和祷祝后，由主祭者把鼎里肉食分发给大家。乐师们奏起了音乐，人们在酒足饭饱后载歌载舞地狂欢。突然有一只美丽的雉鸟飞来，大胆地降落在方鼎的立耳上，高声地鸣叫起来大有要分享一杯羹之势。人们立即停止了狂欢，随即纷纷议论起来。商王武丁也大感惊讶，就向在场的贤臣傅说、祖己等人询问。祖己乘机向武丁灌输了一番"修政行德"的道理。由于武丁把这一起"飞雉登鼎耳而鸣"的事件视为神的警戒，听取了祖己的建议，一心修政行德，遂使殷商中兴。

"雉鸟登鼎"的那个鼎是否就是司母戊大方鼎？司母戊鼎是否是这九个大方鼎之一？有的学者认为司母戊大方鼎就是一般的殷商社会用于祭祀祖灵的礼器。如果此说成立，那么它就是商代的九个大方鼎之一。然而鼎腹中为何要铭刻"司母戊"三字？司母戊是谁？按照商王和王后名字中都有一个天干名的惯例，司母戊应该是人名。有"母"字，当为某一王后，为某一商王之母。有的学者认为是商王文丁之母，有的学者认为是商王祖庚、祖甲之母。可是"司"在其中又是什么意思？由于难以理解，就出现了把"司"释作"后"的解读法。可是"后"与"母"有重复之嫌，后来出土的"司母辛"鼎中的"辛"即为妇好，可知"司母戊"之"戊"也应该是人名。这样，"司母"就成了解开司母戊大方鼎之谜的关键。于是又有一种新见解产生，认为殷墟甲骨文中有关于东母和西母崇拜、祭祀的记载。母指东母和西母；司为动词，在三个字中的意思指主持祭祀东母和西母仪式的女性，一般当由商王的妻子担任。司母戊鼎就是指主持东母和西母祭祀的戊所拥有的鼎，该鼎也就是用于祭祀东母和西母的礼器。这一见解虽然大胆新颖，但是缺乏必要的、过硬的证据。有关司母戊大方鼎的拥有者和功用之谜目前仅有这些答案。

然而，这个大方鼎是怎么被发现的？也有两种不同的说法。其一，1939年的某月某日，有一个农民在安阳武官村的某处探知地下有物，于是约了几个朋友进行挖掘，十分意外而又惊喜地得到了这件珍宝。其二，说是一个农民在挖井时发现了这件珍宝。如果是前一说，那就有盗墓的嫌疑。若是后者，则属意外发现。

根据专家介绍，大鼎的一个立耳曾经被砸掉，是后来才铸接上去的；鼎的柱足还有锯痕。对此也有两种不同的说法：一是大鼎出土的消息传到京城的古董商那里，有一个傅姓商人跑到了安阳武官村，原以高价收买，但因大鼎太重，要求农民们进行肢解，于是农民们就拿来锤头把立耳砸下来了；又用木工锯柱足，当然无法锯断坚硬的青铜柱足，只能留下浅浅的锯痕。后来商人突然想起，一旦把鼎肢解后，就卖不出价了，就停止了肢解。二是日本帝国主义发动侵华战争后，就有一些文化侵略者跑到安阳，企图掠夺大鼎。武官村的农民认为国宝不能落入敌人之手，就七手八脚地拿来了锯子，试图把鼎肢解后埋进土里。好不容易才砸下一个立耳，才另想别法把大鼎埋入地下，直到新中国建立后，人们把大鼎交给了政府。

三星堆铜人身份之谜

1929年，四川成都广汉县三星堆遗址发现了两个器物坑，出土了许多耐人寻味的商周青铜器，有属于中原系统的容器，还有大量极具地方特色的青铜像和饰件。至今，关于三星堆出土青铜器还有许多问题难以解释：这两个器物坑年代是否是商代？青铜人像为何有眼无珠？为什么会铸造青铜树？青铜鸟是古蜀人的图腾吗？还有，那根著名的黄金杖是作何用的？

1980年至1986年，考古学家对四川成都广汉县三星堆遗址进行了科学的发掘。两个器物坑出土了许多耐人寻味的商周之际的青铜器，有属于商代中原系统的容器，还有大量极具地方特色的青铜像和饰件，因此被命名为三星堆文化。三星堆文化就是一种发达的、具有多种文化内涵的青铜文化。三星堆文化的发现引起了中外学者的广泛关注，越深入研究，发现的问题也就越多，产生的迷惑也越难以解释。比如两个器物坑属同时还是异时？青铜文化的上限是否及于商代？铜像为何有眼无珠？为什么会铸造青铜树？青铜鸟是否是古蜀人的图腾？以人首图像为把柄的黄金杖是否是国王所用的代表权力的器具？等等。而一尊站立在底座上的铜人像和金杖尤为人们所喜爱，由此而产生的不解之谜也最多。

青铜立人像通高260厘米，基座78.8厘米，人足至冠顶高181.2厘米，身材修长。头上戴有双层高冠，方颐大耳，大眼，隆鼻，宽嘴，双手并举作持物状。身穿长袍，袍有细密的纹饰，袍的后片两侧下垂，呈燕尾状。赤脚而有踝饰，站在双层基座上，庄严威风，形象生动。这一尊人像是最大的先秦时代的铜质造像。它可能是"群巫之长"，也可能是某一代蜀王的造像。两个器物坑还出土了数十个青铜人头像，有几件人头像的面部贴妆黄金箔。这许多人头像大体可分为两类：一类似于真人，二远大于真人，高65厘米、宽138厘米。金杖长143厘米，重463克，是先把金条锤打成皮状后卷裹而成的。在金杖的上端46厘米长的范围内装饰着三组纹饰：一组是人头，另二组系怪鸟和为长箭射中头部的鱼。研究者认为这就是蜀王"鱼凫"所用的手杖，它象征着权力。

提起蜀王，大家都会想起李白《蜀道难》的诗句："蚕丛及鱼凫，尔来四万八千岁。"蚕丛是蜀国的开国始祖，他奇特的长相是"纵目"，也就是眼睛竖着长在脸部。也许就是这一原因，古蜀国最初的城邑名"瞿上"。瞿字的构造就是两只竖着的大眼睛底下是一只短尾巴鸟。三星堆青铜器的许多纹饰同鸟有关，证实了生活在四川盆地上的居民崇信鸟。鱼凫的"凫"就是一种会捕鱼的水鸟，名鸬鹚，俗称"水老鸦"或"鱼老鸦"。蜀国都曾经被商和西周打败，最后灭于秦。起初，秦国为了在同楚国争雄时，不让蜀国帮助楚国而拉拢蜀国，秦王答应嫁五个美女给蜀王。蜀王因为蜀道险阻，就派了五个大力士去秦国迎娶。可是在回蜀的途中突然窜出一条大蛇，把秦女叼在嘴里迅速地钻进了一个山洞。大力士不敢贸然对蛇动武，以防大蛇把秦女咬死，于是拽着蛇尾拼命地向外拉，双方相持了一段时间后，突然山崩地裂，大力士、美女和蛇都葬身于乱石之下。这一个悲壮的神话故事可能隐含了对蜀王的讽刺：想娶美女而不成，反而使得蜀国倾覆了。

现在让我们回到那一尊站立人像的问题上来。如果说它是某一位蜀王的造像，那么它是哪一位蜀王呢？我们能知道的蜀王有蚕丛、柏灌、鱼凫、蒲卑、杜宇。他们都对蜀国的建立和发展做出过贡献，为什么仅见此一尊立像？持有立人像是蜀王观点的学者还把它同金杖联系在一起，认为金杖就是权杖。以杖为王权的象征，不仅古埃及、爱琴海和西亚诸文明古国有此习俗，史不绝书，而且中国也有此习俗，如周武克商前夕，在牧野誓师，就有"王左杖黄钺，右秉白旄以麾"的记载。再说，三星堆文化有比较浓厚的外来文化因素，站立铜像为某一蜀王的造像，当不成问题，不必拘泥于是哪一位，也根本不必拘泥于每一位蜀王必定非造一个铜像不可。

更多的学者认为站立铜人像是"群巫之长"，而两个器物坑出土的其他人头像，或是巫师们戴的面具，或是其他巫师的造型，而那些超乎常人大小的人头像更应该是神物。《周礼》中记载了一种称为"金相氏"的巫师，他们通常在新挖掘的墓坑里施行巫术，在头部的四面戴着金属面具，手执戈矛之类的武器，一边念咒，一边舞蹈，并不时地将戈矛刺向墓穴的每一个角落，以此驱赶邪疠，让死者安息。那些同常人一般大小的人头像，应该是比较著名巫师，而这尊站立铜人像应该是"群巫之长"。由于把站立铜人像视为巫师，那么金杖就应该是魔杖、巫杖。有的学者还将人像双手的姿势作了分析，指出双手不可能握持同一件圆筒状的物体，因为双手握物的方向并不表示在同一条直线上，金杖并非此铜人所

三星堆铜人头像

握有，应该是一手握璧以祭天，一手握琮以礼地，正是大巫师所为。还有的学者把其他遗址出土的青铜人像同三星堆铜立人像作比较，如陕西宝鸡茹家庄有双手各执一个玉琮，也有双手握着一个大玉琮的小型铜立人像，认为它们都同祭祀或巫术活动有关，故为巫师的造像。

还有的学者认为国王和大巫师并没有本质上的区别，因为上古时期往往国王兼为大祭司或大巫师。站立铜人像完全应该既是蜀王，又是"群巫之长"。这似乎就可以解决这国宝之谜了。可是不同的见解还是接踵而来。有人认为它们不过是随葬品，有人认为它们是外来的古埃及人或爱琴海地区的人，因为高鼻深目，还长了卷曲的胡髭。还有人认为铜像的大眼睛不过是患有眼疾而已。诸如此类，不一而足。站立铜人像与金杖究竟有没有关系？是外来文化还是古蜀文化？至今还是一个难以解开的谜。

晋侯苏编钟散聚之谜

晋侯苏编钟的特别之处是每一个器物上的铭文不是单独成篇的，而是下钟连着上钟读，而且铭文有铸成的，也有后刻上去的。先是由原上海博物馆馆长马承源先生从香港的古董市场上购回14件，当14个编钟运回大陆后，几乎所有人都认为"老马失蹄"，直到另外2件编钟在晋侯苏墓地找到，与这14件组成一套完整的编钟后，这才成就了"老专家慧眼识宝"的精彩故事。

2002年夏，上海博物馆同山西省考古研究所联合主办了山西晋侯墓地青铜器展。进得展览大厅，在轻轻的古钟音乐声中，观众们仔细地欣赏16个一套晋侯苏编钟。该组编钟大小不一，大的高52厘米，小的高22厘米，都是甬钟。钟外壁都用利器刻凿规整的文字，刀痕非常明显。每钟的文字连读成篇，共有355字，完整地记载了周厉王三十三年（前846）正月八日，晋侯苏受命伐夙夷的全过程。它们不仅是晋侯墓地最重要的器物，也是西周青铜器铭文中半个世纪以来最为重要的发现。可是这套编钟是分两次获得的，当获得首批14件时，被普遍地指控为伪物。其真伪之谜直到找到另两钟后才真相大白于天下。

这套编钟为研究西周历法提供了可贵的记录。铭文记有7个干支历日和5个记时词语：唯王卅又三年……正月既生霸戊午；二月既望癸卯；二月既死霸壬寅；三月方生霸；六月初吉戊

晋侯苏编钟

寅；丁亥；庚寅。根据这些资料，专家们认为：西周晚期在位超过33年的，只有厉王和宣王。通过对8号墓中的木炭等样品进行碳十四测年，在公元前816—前800年。《史记·晋世家》载晋侯苏卒于周宣王十六年（前812），所以晋侯苏钟的"三十三年"属厉王，晋国用的是周历。《史记·周本纪》载厉王三十七年出奔，由召公、周公二相行政，号"共和"。以厉王出奔之年为"共和"元年，即前841年，则厉王三十三年为前845年。该年依建丑（以夏历十二月即丑月为岁首）：正月乙巳朔，"既生霸戊午"是十四日；二月甲戌朔，"既望癸卯（当是辛卯）"是十八日，"既死霸壬寅"是二十九日；六月壬申朔，"初吉戊寅"是初七（"初吉"出现在初一至初十），按干支推出的日期与月相能相合，可知厉王三十三年为前845年不误。因此可定厉王元年为前877年。为学术界一月四分月相说的长期讨论做了一个明确无误的证实。

铭文还具体记载了周厉王亲征东夷的功绩，是对西周史料的重要补充。晋侯苏受王命，去征伐夙夷部落。战斗共发生了三次。首次就获得胜利，晋侯斩首120人，活捉23人。周厉王闻讯后，亲到战场视察，晋侯亲率士众杀进夙夷的阵中，再次斩首100人，抓获11人。厉王命晋军乘胜追击，晋侯斩首110人，抓获20人，晋侯的部属斩首150人，抓获60人。厉王回到成周后，要召见晋侯，苏便来到成周；厉王亲赐鬯酒、弓矢和马匹。铭文补充了史书的失载。

晋侯苏编钟还证实了西周晋国的都城在曲沃。汉代以来，诸多史籍未能明确记载晋都之所在，更不记晋侯墓的所在地。这套编钟既证实了曲沃就是晋国的都城，又证实了曲沃北赵村发现的就是晋侯墓。

14件编钟从香港古玩街购回时，很多文博专家认为是伪器。1992年12月，上海博物馆馆长、著名的青铜器专家马承源先生出访香港，有一位富翁陪同他游览香港古玩肆，并答应说：你看中了什么文物，我掏信用卡。在琳琅满目的古玩街上，马老看中了14件编钟。马老的话音刚落，这位爱国的港商大吃一惊，倒并非为了钱的问题，它们仅标价十余万港币，便宜极了！而是惊讶这位蜚声海内外的专家竟然也会看走眼，因为香港有很多收藏家，大家一致认为它们是仿制品，是伪器。他好意地提醒马老要仔细看看。马老越仔细看，就越是坚定地要购买这14件编钟。就这样买定了！编钟运回上海博物馆后，很多专家慕名前去观看，而绝大多数人认为马老真的看走了眼，马老这回上了大当。认为这14件编钟为伪器，并非毫无根据。因为其一是器皿还能见到铜的黄色，锈蚀的程度不对；其二是铭文显系后刻，不是铸成的；其三是每器的铭文根本就读不通。可是马老还是坚持认为是西周晋侯的编钟。要说明它们是周文物，知识渊博的马馆长解释说：器皿一直深埋地下，由于最近才出土，故锈蚀的程度不够，甚至还能见到铜的黄色；铭文虽为后刻，但是系当时的后刻；铭文并非一器一铭，若把它们连缀着读，就通顺了。

马老的解释虽然有理，但最关键的问题是要拿出铁一般的证据。马老立即写信给正在山西省晋侯墓地进行考古挖掘的专家，询问有没有发现另外的晋侯苏编钟。因为根据铭文的推断，还应该有刻有"万年无疆，子子孙孙永保用"

之类话语的一二个钟。可是回答令人失望，说是晋侯苏墓已经挖掘完毕，并未见有编钟。马老再度写信，要求在回填土时仔细查找。考古工作者遵照这位老专家的要求，在回填土时进行了仔细的翻捡，奇迹出现了！两个形体不大的钟出现了！他们兴高采烈地把此消息告诉马老，并告知铭文，稍大的为"年无疆，子子孙孙"，稍小的为"永保兹钟"。"年"字正好上承第十四个钟的铭文的最后一个"万"字。山西晋侯墓考古发掘出土了残存的2件小编钟，形制与14件晋侯苏钟相同，大小和文字完全可以连缀起来，证实上博从香港抢救回归的14件钟与此次发掘出土的2件钟原出同墓，此套完整的编钟数目应是16件。这样，晋侯苏编钟遂成完璧。

那么14件编钟怎么会出现在香港古玩肆呢？原来在1991年，山西省曲沃县北赵村发现成片的春秋时期墓葬。省考古所组织了人力、物力和财力进行挖掘，可是因为要麦收，考古队的民工走了，考古工作暂告停止。这片发掘中的春秋墓葬才停工不久，便发生了猖狂的盗掘，大量文物被贩子运往海外。14件编钟就这样到了香港。

马老虽然已经离开了我们，他慧眼识宝的佳话却永远流传在文博界。

曾侯乙身世之谜

湖北省随州擂鼓墩古墓出土了迄今全世界最大、数量最多、时间最早、制作最为精美的整套编钟。编钟共有65件，分三层吊挂在钟架上，每一件编钟上都铸有"曾侯乙作持"及其所属的音程和钟名（即音名）。对编钟主人曾侯乙的考释，目前学术界存在三种意见。

1978年的5—6月份，在湖北省随县（今随州）的擂鼓墩古墓中取出了迄今为止全世界最大、数量最多、时间最早、制作最为精美的整套编钟。同时出土的还有一套编磬，及鼓、琴等乐器数十件，古墓穴简直就是一座音乐厅。编钟共有65件，分三层吊挂在钟架上，基本上就是编钟演奏时的悬挂方式。每一件编钟上都铸有"曾侯乙作持"及其所属的音程和钟名（即音名），每一件钟体都有两个击奏点。根据专家们的研究，编钟所反映的音乐理论、实际的演奏方法、编钟的铸造工艺等重大问题都已经逐一解密，而且能使用编钟演奏现代音乐。可是编钟的主人曾侯乙是哪一代的曾国国君却至今仍是一个无法考释清楚的谜。学术界存在三种意见：一是夏代始封的姒姓曾国；二是西周始封的姬姓曾国；三是随即曾国，姬姓。

在浩如烟海的古文献中确实有关于曾国的点滴记载，曾可以写作缯、鄫、鄫等。根据专家的考证，上古中国存在过姒姓的曾国和姬姓的曾国，并且两个曾国同时存在过很长一段时间。姒姓的曾国也写作缯，是夏代的封国，其地在古申国的北面，就是现今河南南阳之北，那一带在春秋时代成为楚国方城的缯关。商汤灭夏后，把缯国的居民迁到河南新郑和密县之间的溱水一带，这条河流可能因缯的居民而称为溱。周灭商，又迁缯国的居民于山东省临沂苍山附近的曾鄪，此鄪也可能因缯的居民所居地而产生的新字。鄪为西周的子爵诸侯国，并同西周王室保持一定的婚姻关系。可是到了春秋时代，曾同东周王室一样每况愈下。有一次，宋襄公召集了曹国、邾国、曾国的国君或大臣在曹国南部会盟，曾国的国君没有及时参加。会盟后宋、曹的君臣又到邾国去进行国事活动，曾国的国君只得匆匆忙忙地赶到邾。宋襄公因曾子的迟到而恼怒，命邾君把曾子抓起来，就像牛羊一样被杀了当作祭祀土地神的牺牲。这是一次春秋时代残酷的"人祭"。其后的曾国就投靠了鲁国。至春秋中期，曾因有鲁国做靠山，便对邻国莒国不做防备。莒国乘鲁国无暇顾及的时机，就把曾国灭了。曾的贵族和部分居民逃到鲁国，便以曾为姓。按照姒姓曾国逐步衰亡的轨迹，战国中后期的曾侯乙不可能是姒姓曾国的后裔，更没有力量和技术铸造成如此硕大而精美的编钟。可是春秋时的灭国措施一般只是迁走其民众，不准祭祀亡国的崇拜物而已。姒姓曾国的贵族和民众仍有可能迁到其他地方再图发展。再说，山东境内的曾国是否就是夏代始封的姒姓曾国还缺乏必要证据。

有的学者根据一些曾国的青铜器铭文，认为在河南的曾国是姬姓的曾国。在西周昭王、穆王时代，对南蛮用兵，同时把原先分封在陕西、山西的姬姓诸侯国迁移到汉水流域，以作为周王室的南方屏障，曾国就是在那个时代迁到了原来姒姓曾国的居地，故又有了一个姬姓的曾国。同时迁到汉水流域的有应、霍、随等，史书上称它们为"汉阳诸姬"，都是伯爵国家。到西周后期，姬姓的曾国已经比较强大，曾经同申国、戎人和其他诸侯国一起保护周平王东迁，故有可能升为侯爵。20世纪70年代，在河南省新野县发现了不少曾国的墓葬，出土了一些带有铭文的曾国青铜器，表明那里确实存在过一个曾国。而且在湖北省的随县、枣阳境内也曾经出土了不少带铭文的曾国青铜器，表明原来在南阳、新野一带的曾国逐步向东向南迁移，约在战国中后期迁到了随县。至于曾国迁移的原因即是出于对楚国的礼让，正由于这一原因，曾国博得了楚王的好感，在楚惠王获悉曾侯乙去世的讣告后，还铸造了青铜礼器相赠。从曾国青铜器的分布情况论及曾国的迁移路线和范围是对的，可是怎样解释随县、枣阳一带出土的春秋前期的曾国青铜器呢？有的学者就比较轻率地说：那是后来带过去的。这种可能性虽然存在，但是作为一个长久地存在的、又是一个比较强大的、有地位的诸侯国的大范围迁移，毕竟缺乏必要的证据。更何况随县本来是姬姓随国的所在地，曾国怎么占有随地的呢？随国又到哪里去了呢？

提起随国，人们都会想到有关随侯珠的故事。有一次外出打猎，见一条被砍伤的大

曾侯乙编钟

蛇，随侯就为蛇敷药包扎、喂它食物，见蛇减轻了痛苦，就离开了。过了若干年，随侯打猎经过为蛇包扎的地方，突然见汉水里窜出一条大蛇，口衔明珠，自称是来报答上次随侯的救命之恩的。随侯由此而获得了一颗价值连城的夜明珠，也称明月珠、随侯珠。我们可千万不要做随珠弹雀的傻事哦！

姬姓随国为侯爵，史书称"汉东诸姬随为大"，楚武王扩张国土，其大臣建议：只要把随国征服了，就等于抓住了汉水流域各姬姓国的牛鼻。楚武王听取了这一建议，不惜带病亲征，虽然在行军途中因"心荡"而猝死，但其他将领密不发丧，继续前进，兵临随城。随侯在得不到任何援助的情况下，同楚国订立了城下之盟。于是随楚两国相安无事。春秋后期，伍子胥率领吴国的军队攻打楚国，一直攻进楚国的郢都。吴国曾以同为姬姓为由，要求随侯作为后援，遭到随侯的拒绝。吴国因遭到南边越国的攻打，迅速从楚国撤军而回。随侯因坚守盟国的信誉而受到称赞。可以说终春秋之世，随都是姬姓随国的所在地；到了战国中后期，怎么会突然冒出一个曾国来？于是有的学者认为随国即曾国，就像魏又称梁、韩又称郑一样。这样就把两个地域大体一致的姬姓诸侯国统一了起来，以解决曾侯乙编钟拥有者之谜。可是，随国为什么又可以称曾呢？众所周知，魏可以称梁，是因为魏都大梁（今开封）；韩可称郑，是因为韩国都郑（今河南新郑）。可是随本来就有一个姬姓侯爵的随国，并非姬姓曾国的都城。由此可见，曾即随、随即曾的见解仍需商榷。

众所周知，曾侯乙墓还出土了不少竹简，却是随葬物的清单，于曾国的历史不记一字。后来在擂鼓墩发掘了2号墓，虽然也是一座曾国国君的墓葬，但是其规模、随葬物均没法同曾侯乙墓相提并论。要解开曾侯乙编钟的拥有者之谜，仍然是一件十分困难的事。

越王勾践剑之谜

公元前496年，吴王夫差为报父仇，攻打越国，大获全胜，使越王勾践成为阶下囚，被吴王扣押了三年。越王勾践在忍受了三年的屈辱生活后回到越国。在大臣范蠡、文种的辅佐下，勾践卧薪尝胆，立志图强，用艰苦的生活磨炼自己的意志。经过十年生聚、十年教训，终于使越国由弱转强。公元前473年，越王勾践率精兵灭亡了吴国，迫使吴王夫差饮剑自杀，并进而成就了越国霸业。从此，越王勾践卧薪尝胆的故事，就在中国历史上代代相传，脍炙人口，延续至今。

有趣的是1965年12月，在湖北一个叫望山的地方，竟然出土了一把锋利如初的青铜剑；剑的主人就是越王勾践。剑如同他的主人一样充满了传奇的色彩，也是越国那段历史的见证者。

这把青铜剑出土时，置于棺内人骨架的左侧，并插入涂黑漆的木鞘内。剑长55.6厘米，剑形挺拔庄重，制作精良考究，保存完好如新；剑身上面满饰黑色菱形暗纹，剑格的一面由绿松石组成美丽的图案，另一面则镶嵌着蓝色琉璃，整个装饰显得华贵、典雅。靠近剑格处有两行错金鸟篆铭文，铭文为"越王勾践，自作用剑"。剑柄以丝缠绕，剑出鞘时寒光凛凛，耀人眼目，剑刃薄而锋利。

既是越王勾践用过的剑，而且又出土在人骨架的左侧，您一定会认为此骨架是越王勾践吧？这种推测是完全错误的。因为此剑出土于地处长江中游的楚国墓葬中，地处长江下游的越国国君的剑为何没有留存在越国故地，却埋藏在千里之外的楚国贵族墓葬中？这就是越王勾践剑留给我们的第一个谜。

香港考古学家吕荣芳先生根据该楚墓中一起出土的竹简研究，认为墓主人邵固即邵滑，也即淖滑。邵滑是楚怀王时的大贵族。吕先生进一步从《史记·甘茂列传》和《韩非子·内储说下》所载史料剖析，认为楚怀王曾派邵滑到越，离间越国内部关系，诱发越国内乱，而楚怀王乘越乱之机而亡越。邵滑是灭越的大功臣，楚怀王把从越国掠夺回来的越王勾践剑作为战利品赏赐给邵滑。邵滑死后，将这把驰名天下的宝剑殉葬，以显赫他生前的功绩，这完全是有可能的（见《厦门大学学报》1977年第4期）。

陈振裕先生从这座楚墓出土的竹简、墓葬形制、随葬器物与其他墓葬的同类器物分析比较，不同意上述观点，认为墓主邵固并非邵滑。墓主邵固应是生活在楚威王或更早些时候，而史书记载中的邵滑其主要政治与外交活动都在楚怀王后期，邵固与邵滑是生活于不同时期的两个人。墓主邵固生前的社会地位只相当于大夫这一等级；而史书记载中的邵滑在楚怀王十五年以前就是楚国的一位老练的外交家，在"齐破燕"后，曾担任了联赵魏伐齐的重要使命；尔后又被派到越国，为越王所用。五年后，由于邵滑在越国搞离间活动，遂使越国内乱，楚国便趁机出兵灭掉越国，邵滑是灭越的大功臣。根据史书和竹简所记，楚越之间的关系在楚威王之前是很密切的；楚昭王曾娶越王勾践之女为妃，而勾践将他珍贵的青铜宝剑作为嫁女之器而流入楚国，这也并不是没有可能的。墓主邵固是以悼为氏的楚国王族，从他祭祀先王、先君推测，他是楚悼王之曾孙。竹简中还记他常"出入侍王"，说明他与楚王的关系非常密切。他死时很年轻，楚王为了表彰他的忠心而把名贵的越王勾践剑赐葬邵固墓中，也是很有可能的（陈文见《中国考古学会第一次年会论文集》）。

方壮猷先生则认为越王勾践剑何以会流落到楚国来，这是和楚国灭越问题分不开的。因此，江陵望山1号墓的上限必然在楚国灭越以后，它的下限必然在楚顷襄王徙都于陈之前。因为楚国灭越以前，越国正在强盛时期，勾践的宝剑不可能流落在国外。据方先生研究，越王勾践剑也有"可能是越国王子投奔楚国，客死郢都的随葬品"（见《江汉考古》1980年第1期）。

除上述三种意见外，已故的著名考古学家夏鼐先生认为："春秋末年，晋联吴以抗楚，楚联越以图吴，互相报聘，故吴物入晋，而越器亦出土于楚都。勾践灭吴以后，越楚接壤，更有交流互赠之可能也。"（引自《文物天地》1986年第5期谭维四文章）如此看来，越王勾践这把随身佩带的青铜宝剑，为什么会在远离越国的江陵楚国墓葬中出土，还是一个未解之谜。

越王勾践青铜剑，不仅铸造精工，花纹秀美，而且深埋于地下2400多年而不锈，仍保持着耀眼的光泽，确实耐人寻味。

春秋战国时期是我国历史上一个大变革时代。当时，周王室衰微，礼崩乐坏，诸侯割据，战争频仍。为了应付连绵不断的战争，各诸侯国不断改进和大量制造各种各样的武器。各国都有一批铸造青铜剑的能工巧匠。处于长江下游的吴国和越国，有欧冶子以及干将、莫邪等当时最著名的铸剑能手。吴越铸造的名贵青铜剑，坚韧锋利，在各诸侯国中享有盛名。

据《越绝书》记载，越王勾践有5把青铜剑，其剑"扬其华，淬如芙蓉始出；观其钿，灿如列星之行；观其光，深深如水溢于塘；观其断，严严如琐石；观其才，焕焕如冰释；此所谓纯钧也"。这与考古发现的越王勾践青铜剑，大体相符。20世纪70年代以前，由于科学发展水平局限等原因，人们不可能对这些青铜剑进行取样测定，因此关于青铜剑的至今不锈，有人曾归因于当时采用的金、银、锡和水银等进行外镀的技术。但是关于青铜剑如何铸造和防锈的，这个谜应该说当时仍未解开。随着我国科学技术不断发展，1977年及1978年湖北省博物馆与有关单位协作，在复旦大学的静电加速器上，利用原子核研究所提供的检测设备，对越王勾践剑进行了无损伤的测定与研究，终于解开了千古之谜。

越王勾践剑剑刃及剑身的成分表明含锡为16%—17%，这是铸造锡青铜强度最高的成分，并保持有一定延伸率；含锡再高，强度虽有提高，但抗张强度及延伸性迅速下降，做直刺用的兵器，要保证其强度以免弯折，而不需要砍击器的硬度或韧性，越王勾践剑和同墓出土的菱纹剑都使用了合理的含锡成分，反映了吴越铸剑的高超水平。勾践剑剑身含铅、铁较低，它们应是锡和铜的杂质元素，在熔铸时或者选料精良，或者通过精炼去除了铅、铁杂质。

剑格使用了含铅较高的合金制作，这种材料流动性较好，容易制作表面的装饰。剑格表面经过了人工氧化处理，花纹处含硫高，硫化铜可以防止锈蚀，以保持花纹的艳丽。

越王勾践剑上镂有八字铭文，刻槽刃痕清晰可辨，可以肯定铭文系铸后镂刻。铭文笔画圆润，宽度只有0.3—0.4毫米，刻字水平之高可见一斑。

越王勾践剑因剑的各个部位的作用不同，铜和锡的比例也不一样。剑脊含铜较多，能使剑韧性好，不易折断；而刃部含锡高，硬

越王勾践剑

度大，使剑非常锋利。但不同成分的配比在同一剑上又是怎样铸成的呢？专家们考证后认为是采用了复合金属工艺，即两次浇铸使之复合成一体。这种复合金属工艺，世界上其他国家是到近代才开始使用的，而我国古代劳动人民在2000多年前就采用了，他们如何掌握和使用这种技术，对我们来说又是一个谜。

马踏飞燕用途之谜

甘肃武威雷台东汉后期的墓葬出土了一件奔马和飞燕组合的铜器，马的一足踩在飞燕的背上，三足腾空，作昂首嘶鸣状，是一件人见人爱的青铜艺术品，人称"马踏飞燕"。许多书籍把它作为插图，甚至成为中国旅游业的标志性图案。然而，关于马和鸟的名称，学者们提出了不同的见解。

1969年10月在甘肃武威雷台发现了东汉后期的墓葬。此墓虽然曾被盗掘，但考古工作者仍清理出200多件完整的文物，其中有39件神态各异、体格健壮、神采飞扬的青铜奔马。有一件奔马的一足踩在飞燕的背上，三足腾空，作昂首嘶鸣状，充分表现了一匹速度超过飞燕的骏马，是一件人见人爱的青铜造型艺术品。人们为它起了一个很好的名字——马踏飞燕。许许多多书籍把它作为插图，并成为我国旅游业的标志性图案。人们在欣赏之余不禁会问：汉朝人为什么会铸造这些美轮美奂的青铜马？学者们为此进行了多方面的探讨。

由于对作品中飞鸟的不同见解，就会引起对作品的不同理解。飞马所踩的飞鸟是燕子吗？至今出现了燕子、乌鸦、龙雀、燕隼等四种不同的见解。①初看时，它身躯和翅膀都较小，疾飞时翅膀稍向后，与身躯平行，这正是燕子飞行的姿势，故有不少学者认为它就是燕子。燕子是飞行速度很快的鸟，作品用燕子作衬托，以喻骏马奔驰的速度。②可是仔细察看时，鸟首和眼睛似鹰，而鸟尾并没有剪刀式的分叉，所以它不可能是燕子，而是隼。隼科飞禽中有一种头部和双目似鹰，身躯和翅膀也较小，飞行姿势同燕子，故名为燕隼。甘肃、青海一带有这种鸟，当地人很熟悉这种鸟，俗称青条子、土鹘、蚂蚱鹰、儿隼等。飞行速度奇快，用燕隼来衬托出骏马奔驰的速度，也是一目了然的。③有的学者认为是龙雀，也就是风神飞廉。《离骚》有"后飞廉使奔属"句，《汉书·武帝纪》记载了武帝因崇信风神而铸造铜飞廉，并为之建造"飞廉馆"一事。东汉明帝还专程到长安把铜飞廉运到洛阳，可是被董卓销毁了。由于把飞鸟视为神鸟，于是这一作品就成了马神。④由于长沙马王堆西汉墓葬中出土了《相马经》，其中有"一等逮鹿，二等逮麋，三等可以袭乌，四等可以理天下"数语，故有的学者认为"马踏飞燕"青铜造型是一种"相马式"，即相马的模具。既然是一种相马式，那么骏马踩的飞鸟应该是乌鸦，故其翅膀较宽，尾巴方形而略呈弧

马踏飞燕

形。《相马经》所说的等级以第四等最为上乘，而能"袭乌"的马则仅次于"理天下"者。

在这四种观点中，第一和第二种观点未考虑到它的实用价值，称它为纯粹的造型艺术品，确实不为过。第三种观点认为它是马神崇拜的产物，似乎也不无道理。而第四种观点不仅能获得更多的证据，而且能认为它是实用的相马模具同造型艺术完美结合的产物。

提及相马，人们总会想到先秦时代的相马专家伯乐。秦穆公时有人要把一匹瘦得皮包骨头的马处理掉，伯乐见了，认为是一匹骏马，只是饮食不当而使马显得病瘦。后经伯乐的喂养调理，果然是一匹罕有其匹的宝马。有人向他请教相马的技术，他认为应该"得其精而忘其粗，在其内而忘其外"。伯乐善于相马的名声越来越大，以至于向他求教的人越来越多。据说伯乐为了方便人们的学习而画了相马图，写成了《相马经》。伯乐的儿子自以为得父亲的真传，十分自负。他熟记了《相马经》中"隆颡蛈日，蹄如累麴"一语，便拿着相马图出去寻找良马，不久便回到父亲的身边，说已经找到了一匹好马，并作了一番描述，认为"略与相同，但蹄不如累麴"。伯乐根据儿子的描述，心知是一只青蛙，为儿子的愚蠢而恼怒，转而变怒为笑，说："你找到的好马只是善于跳跃而已，可是驾不了车。"成语按图索骥就是出自于这个故事。按图索骥有两层意思：一是指拘泥于成法、食古不化的愚蠢行为；二是指按照线索去寻找，易于获得。

当然，绝大多数人会得益于《相马经》和相马图的。汉朝在继承前人经验的基础上，又有了新创造。武帝是一个特别喜爱宝马的人。张骞通西域的一个原因就是为汉武帝寻求西域的宝马，曾找到过"汗血马"和"天马"献给武帝。有一个相马专家东门京，铸造了铜马献给汉武帝。武帝得到东门京进献的铜马，真是喜出望外，把它们作为相马式而立于鲁班门外，并把鲁班门改称为"金马门"。这一举措对于马种的选择和养马业的发展有很大的促进作用。东汉著名的将领马援真可谓戎马一生，战功赫赫，"马革裹尸还"就是他提出的豪言壮语，在战争之余他还写成了《铜马相法》的著作。有了这许多材料，于是有的学者认为"马踏飞燕"是汉武帝时东门京所献的铜马式之一，也有的学者认为就是马援《铜马相法》中所说的相马式。可是"马踏飞燕"通高仅35厘米，不可能立于宫阙的大门旁，也小于《铜马相法》中所记"高三尺五寸"的高度。以汉尺等于23厘米计，则有80余厘米，《铜马相法》之铜马要高出"马踏飞燕"一倍多。还有一些学者作了进一步的研究，综合了《铜马相法》、《齐民要术·相马经》和《神机制敌太白阴经·相马篇》等文献材料，从"水火欲分明"、"上唇欲急而方"、"口中欲红而有光"等十五个方面进行分析，各种特征处处合辙。认为"马踏飞燕"即使不是东门京所铸的相马式、也不是《铜马相法》中的相马式，但就是汉朝的相马式，有可能是前两种相马式的缩小了的

中华历代国宝之谜

复制品。尽管如此，为什么不对同时出土的39件铜马作一番综合的考察和解释呢？它们为什么不可能是随葬品呢？如果"马踏飞燕"是相马式，那么另外38件铜马是否也是相马式呢？汉朝的相马式究竟有多少呢？

何家村窖藏金银器之谜

陕西省西安市南郊的何家村，在一次施工时发现了两个陶瓮和一个银罐，其中装有一千多件文物，包括金银器271件、金银铜钱币466枚、银铤8件、银饼22件、银板60件，还有玉器、玛瑙、琉璃、水晶等各种器物。如此数量丰富、品质精良的国宝，它们的主人是谁？是什么时候埋藏的？为什么要将它们埋入地下？

2004年12月底，为了迎接新年的到来，上海博物馆举办了"周秦汉唐文明展"，展出的100多件国宝中，何家村窖藏金银器尤其能显示大唐帝国的繁盛气象。何家村位于西安市的南郊，陕西省公安厅的某收容所就在何家村。1970年10月，收容所为了建造新房而挖地基，当人们把浮土挖到80厘米深的时候，发现了两个陶瓮和一个银罐，陶瓮腹径60厘米，高65厘米；银罐高36厘米，腹径26厘米。两瓮一罐中装有一千多件文物，包括金银器271件、金银铜钱币466枚、银铤8件、银饼22件、银板60件，还有玉器、玛瑙、琉璃、水晶等各种器物。由于获得的金银器数量多，器物种类丰富，品质之高，其中有许多是国宝。它们是了解中国古代制作和使用金银器历史的见证，对于研究丝绸之路也具有重大的价值，因此考古学家称何家村遗宝的发掘是一次划时代的考古发现。在对何家村遗宝进行深入研究时，产生了一些疑问：它们的主人是谁？何时埋藏的？为何埋入地下？

在介绍这些疑惑之前，让我们先来回顾这些国宝所反映的工艺、思想、社会生活和相关的历史文化。

金器中最为珍贵的当数纯金的鸳鸯莲瓣纹碗和宝钿团花纹杯。高5.5厘米、口径13.5厘米、重391克的鸳鸯莲瓣纹金碗，造型优美，通体錾刻美丽的纹饰：底部为连珠纹，就像一颗颗珍珠均匀地连接成了圈足；腹部以鱼子纹为地，双层莲瓣纹，莲花的花瓣凸起（内壁则为凹形，显系采用锻压技术制成），精细美丽；莲瓣中有荷叶和其他花卉，鸳鸯戏水，生动可爱，也有的花瓣中为飞奔的狐狸，肥胖健壮，可抚可掬。此碗的制作显然是受佛教思想艺术的影响。可是为什么狐狸也同莲瓣有关？图案的设计者究竟是何用意？也是值得深入研究的问题。不管怎样，这个金碗是已知唐代金银器中最为富丽华美的器皿。另一件精美绝伦的金器是高6厘米、口径6.9厘米、足外径3.6厘米、重230克的金筐宝钿团花纹杯，胎厚体重，制造工艺精良，采用翻砂、锤锻、焊接等工艺。器皿的表面有八朵如意云纹、四个团花，团花由扁形金丝缠绕而成，再用焊接法固定到杯体上，这种工艺也称"掐丝"。圈足也是用焊接法固定到杯体上的，握手把也是焊接的。当你举起这个通体飞金流光的金杯为他人祝福，或接受别人对自己的祝福时，会产生何种美好的遐想呢？此外还有铁胎鎏金龙、铁胎鎏金八角杯等。

银器中更加不乏精品。狩猎纹高足银杯，敞口圆唇，银杯的足部比较奇特，似乎在一个一般圈足下特意地加接了一个双层高足。杯体以鱼子纹为地，以一条凸棱纹和一条线纹将杯体分成三个部分，凸棱纹以上和线纹以下为缠枝纹，中间部位为狩猎图案。猎者骑在奔驰的马背上，弯弓搭箭，正向落荒而逃的狐狸射去。四个猎者均匀地分布在画面上。整幅画似乎在向人们叙述着中世纪中国的狩猎文化。银器中最令人赞叹的是一个鎏金舞马衔杯纹皮囊式壶，壶身通高14.8厘米、口径2.3厘米、腹部长径11.1厘米、短径9厘米、底足长径8.9厘米、短径7.2厘米、重549克。壶的舞马、弓形提梁、壶口盖、同心结皆鎏金，盖用银链同壶身系连。银壶本身造型优美，通体抛光，工艺精湛，再加上两面鎏金的舞马衔杯图案，骏马的头部系戴绸带结成的大花和飘带，随着马的舞姿而飘动，而且壶体的两面，舞马的姿态有所差别，形象生动地反映了大唐赛马的一斑。据载，唐玄宗每年在生日（八月五日）的这一天，都会在兴庆宫勤政务本楼举行盛大的庆典，接受群臣的祝贺，并举办生日宴会。训练有素的盛装舞马表演也是一项重要的祝寿活动。当时的一位宰相张说曾作有《舞马千秋万岁乐府词》，其中有"更有衔杯终宴曲，垂头掉尾醉如泥"的诗句，意为：在庆典中更加精彩的是口衔金杯伴随着音乐而舞蹈的盛装马舞，那些舞马最终好像也受气氛感染而如痴如醉。诗句所描绘的场景正与银壶上的舞马衔杯图相符。还有鎏金双狮纹银碗、鎏金花鸟纹银碗、鎏金双狐纹双桃连体形银盘、鎏金凤鸟纹六曲银盘等，都是美轮美奂的珍宝。

然而这批珍宝的主人是谁？为何埋入地下？何时埋藏的？目前学术界存在不同的意见。首先，由于用钻探的考古方法探知何家村在唐朝长安城的兴化坊遗址之上，兴化坊为唐邠王王府所在地，两瓮一罐当在邠王府遗址出土的，因此有的学者认为何家村遗宝的主人就是唐邠王李守礼。埋藏的年代在盛唐的后期，约公元8世纪末。持这种意见的学者并没有提出比较充分的埋藏理由。第二种意见认为虽然遗宝出土于兴化坊，邠王府及其住宅也确实在兴化坊，可是兴化坊并非全属于邠王，还有其他达官贵人，准确地说，遗宝并不在邠王府及其住宅的遗址出土，因此遗宝的主人是当时的一位达官贵人，究竟是谁，还有待于获得更丰富的考古材料、更深入的研究，才能最后解决。埋藏的年代应该在唐德宗（780—805）时。持此见解的学者也没有提

鸳鸯莲瓣纹金碗

出比较充分的埋藏理由。

第三种观点倒是提出了充分的埋藏理由，那就是因为突发的泾原兵变。唐德宗时，淮西节度使李希烈叛乱，德宗于建中四年（783）调泾原（治所在今甘肃泾川北）兵东征。5000名东征将士到达长安时正遇大雨，却没有得到朝廷应有的犒赏。饥寒交迫的将士哗变入长安城。德宗命令长安禁军镇压，却无人响应。无奈之下，德宗出逃至奉天（今陕西乾县）。哗变的将士拥立朱泚为大秦皇帝，朱泚率军杀死李氏宗亲70余人，又包围乾县一个多月。后来这支叛军虽然为李怀光和李晟率军镇压平息，但突如其来的兵变对都城长安的震动非常巨大。因此就有达官贵人将积聚的财宝埋入地下，入埋的时间就是公元783年。持此种见解的学者认为何家村遗宝准确的出土地点是当时的租庸调使（主管赋税的官员）刘震的住宅遗址，因此遗宝并非个人财产，而是收缴上来的赋税及官府的财宝，因突发事件而来不及上交朝廷，只能作埋藏处理。这种意见虽然理由最为充足，银铤、银饼及钱币也可以认为是收缴的典型税，但是具有皇家气派的其他珍宝究竟属于哪个官府的呢？收缴的财宝能积聚到数百件而不上交朝廷吗？还是存在一定的迷惑。

天圣铜人失踪之谜

北宋御医王惟一于天圣年间研制成功供针灸教学用的针灸铜人，这是一件由体表和内脏解剖相结合的青铜仿真模具。天圣铜人是世界上最早的仿真医学教学模具，共做成两个；一个放置在北宋宫廷的医官院内。两具铜人坎坎坷坷地传到明朝，以后便不翼而飞了。

针灸是中国医学特有的一种技术。公元1027年，北宋御医王惟一研制成功了供针灸教学用的人体模具。它是由体表和内脏解剖相结合的青铜仿真模具。裸体体表布满了人体穴眼，教学时用黄蜡封住体表，体内灌满水银（亦可灌水），当学习者以针刺中穴眼时，汞就会流出，以此来检验学习者的优劣。由于针灸教学铜人铸造于北宋天圣五年，人们就称它为天圣铜人，也可称试针铜人或针灸铜人。这是世界上最早的仿真医学教学模具。王惟一不仅成功地创制了试针铜人，而且撰写了《铜人腧穴针灸图经》三卷，既绘制了铜人图，又说明了所有的穴位。

天圣铜人共造成两个，一个放置在北宋宫廷的医官院内，一个放置在首都汴梁（今开封）的大相国寺仁济殿内。为便于叙述，前者简称"铜人官"，后者简称"铜人寺"。

从公元1126年"靖康之难"起，汴梁为金人占领，北宋王朝被迫南迁至临

仿制针灸铜人

安（今杭州）。1128年宋金议和，金朝以宋朝交出天圣铜人为条件之一。而"铜人寺"据说流落到湖北襄樊。南宋学者周密的《齐东野语》记录了"铜人寺"的情况："尝闻舅氏章叔恭云：昔倅襄州日，尝获试针铜人，全像以精铜为之，脏腑无一不具。其外腧穴则错金书穴名于旁。凡背面二器，相合则浑然全身，盖旧都用此以试医者。"又说："后赵南仲归之内府，叔恭尝写二图，刻梓以传。"章叔恭是周密的舅父，周密听舅父说起过试针铜人（即天圣铜人），也见到过舅父所画的两幅铜人图，铜人图还刻印过。文中提到的赵南仲就是赵葵，赵葵是襄阳知府赵方之子。"铜人寺"流落到襄樊，为赵方所得，由其子赵葵献给朝廷，是合情合理的事。再说周密是一位认真的学者，所记事物皆可信。既然周密记载了"铜人寺"的情况，那么金朝应该得到了"铜人官"。后来蒙古人灭金，又建立了统一的元王朝，两具铜人都为元朝所有。据说铜人由于经历了太多的磨难，以及过多的使用，已经昏暗难辨了。元朝灭亡，二具铜人又传至明朝。由于铜人体表的穴眼和穴位名已经看不清了，在正统朝和嘉靖朝曾经依样仿制了两个铜人，于是将天圣铜人束之高阁。

明末战乱迭起，事出蹊跷，二具铜人不翼而飞。当代著名医学家马继兴教授对铜人的下落做了探究，称"天圣铜人官"于16世纪流传到朝鲜。几十年后又被日本人加藤清正发现，掠至日本。日本人曾经为获得天圣铜人而轰动一时，日本医学界尤为高兴，给予了充分的关注，并立即仿制出"宽文铜人"（因制于日本宽文二年，故名）和一些木质小人，以广泛地用于医学教学。18世纪日本江户幕府医学馆由民办改为官办，规模较大，天圣铜人、宽文铜人和小木人都搬进了医学馆。明治维新运动兴起，江户幕府医学馆停办，那些铜人和小木人为帝室博物馆所收藏，帝室博物馆即后来的东京国立博物馆。马继兴教授在察看了铜人后认为：此铜人与北宋的雕刻、绘画作品相对照，其外貌和体态特征颇相似，具有相同的时代风格；"全像以精铜为之，脏腑无一不具"也与史书记载相吻合；其外形的骨度、身体的长宽和各部位比例大小也与《铜人腧穴针灸图经》所记相符；穴位名和定穴法也见于《铜人腧穴针灸图经》；此铜人也可以自由装卸。故东京国立博物馆所藏铜人即"天圣铜人官"。

然而，现在在东京国立博物馆陈列的天圣铜人真的就是"铜人官"吗？连日本学者也提出了怀疑。1958年日本出版的《关于医学的古美术聚英》认为：此针灸铜人为江户幕府医学馆旧藏，为明朝所铸。是由室町时期的名医竹田昌庆到中国时受赐于明朝皇室，于永和四年（1378）带回日本的。日本另一个学者石原明氏撰《青铜制之铜人》一文，也认为此铜人可能是明朝根据北宋天圣铜人仿制的。可是他们的共同缺点是未提供文献记录，都是一种猜测。因为公元1378年是明朝建立后的第十一年，百废待兴，庶事草创，不可能掌握仿制铜人的技术，再说洪武帝朱元璋也不会把国宝赐给一个外国医生。

如果说日藏针灸铜人就是"天圣铜人官"，也还有疑问。因为经过专家的核对，日藏铜人的穴位数比《铜人腧穴针灸图经》所记多出11个；而且根据周密记，其穴名应该是错金的文字，可是该铜人的穴位名不是错金的。有此两处不符，也确实难以令人信服了。当然我们对这两处不符也可以作如此解释：一是《铜人腧穴针灸图经》所记穴位可能有漏，也有可能后人在铜人的体表增加了11个穴位，因为在铜人上钻个孔是容易的事；二是周密《齐东野语》所记"错金文字"乃是"铜人寺"的情况，"铜人官"有可能与"铜人寺"有所不同。如果这两个假设能成立，那么日藏针灸铜人还应该是"天圣铜人官"。

"铜人官"之谜尚未解决。我们再看"铜人寺"的下落。目前也有两种说法，一说它在明末就不知去向，一说是在清末丢失的。

如果两具铜人并未毁于战火或其他的人为破坏，那么仍有重见天日的时候。

宣德炉真伪之谜

明宣宗于宣德三年(1428)下令工部铸造宫廷和宗庙用的各种鼎彝。当时负责铸造的是工部尚书吴中、太监吴诚监督，一次性铸造了大批鼎彝，除了皇宫内各宫各殿以及各部衙门配置了符合礼制的鼎彝外，还赐给各名山寺院。由于这批鼎彝选料精，铸工精，"宣德炉"就成了天下名器。又由于宣德炉都用于皇家，人们极难得到，于是出现了仿制品，到嘉靖、万历年间，铸有"大明宣德年制"款的"宣德炉"随处可见，仿制之风延续到当今社会，为宣德炉的鉴定造成了极大的麻烦。

明朝建立之初，庶事草创，宫廷中所用的礼器或者铸造不精，或者阙如。嗣后又发生了"靖难之役"，燕王朱棣夺取政权后定都北京。北京宫廷中所用礼器也是粗率的，或者沿用元朝器皿。及朱棣的长孙宣宗朱瞻基即位后，明朝已经经历了60年的历史，天下太平，海内富足。明宣宗于宣德三年(1428)下令工部铸造宫廷和宗庙所用的各种鼎彝。当时负责铸造的是工部尚书吴中，太监吴诚监督。先由礼部参考了宋代的《考古图》、《宣和博古图》等图书，又根据宫中所藏的柴、汝、官、哥、钧、定各窑的瓷器，绘制成器物图，加上所用工料的预算，进呈皇帝批阅。经批准后，雇用工匠，一次性铸造了大批鼎彝，除了皇宫的各宫各殿各部衙门配置了符合礼制的鼎彝外，还赐给各名山寺院。由于这批鼎彝选料精、铸工精，"宣德炉"就成了天下名器。又由于宣德炉都用于皇家，人们极难得到，于是仿制宣德炉就能获得厚利，到嘉靖、万历年间，铸有"大明宣德年制"六字款的"宣德炉"随处可见，有的仿制得比较精良，有的则粗制滥造，仿制之风延续到当今社会，以至于为鉴定宣德炉的真伪造成了极大的麻烦。

当宣德皇帝览阅大臣们呈报的用料单时大吃一惊。原来用料单开列着：暹罗国进贡的洋铜39600斤；赤金800两；白银2600两；倭国白水铅17000斤和黑水铅8000斤；日本生红铜1000斤……其他点色用的各种矿石也多得惊人。宣德皇帝于是下令再度核算，至少得减去二成。吴中和吴诚接到圣谕后立即着手裁减，重新造出清单，并对所有开列的用料逐一作说明，如"三佛齐国紫石原册三百斤，裁减六十斤，实该二百四十斤。此石作鼎彝点染紫葡萄斑色用"。新造的清单经皇帝批准后，于宣德三年五月初一日开始领料、做铸造的准备工作，六月十五日开工，十一月完工，共造3365个大小不同、形制有异的鼎彝，并造清册进献。清册对于鼎炉的形制、大小、分量、色泽、图案及存放的地点等都做了交代，比如："太庙奉先殿七代帝后共十四位，供奉'子子孙孙万年无疆鼎'十四座。仿《绍兴鉴古图》式，鼎式四方，高一尺二寸四分，耳高二寸一分，口方径一尺四寸，腹深七寸，足高一寸六分。十二炼洋铜铸成，周身熟棠梨色。腹间铭字，填以黄金；四铺千乳，填以白银。以供列圣几筵。伏愿圣子神孙，万万年蕃衍无疆云。"文中所云"十二炼"指经过十二次提炼。据说铜材在经过反复提炼后，会发出珠光宝气。除了在同一处陈列的鼎炉是相同的以外，各处及各种不同用处的鼎炉各不相同。最高级的鼎是"十二炼洋铜，周身赤金纯裹"，最低级的恐怕是用于御厨的深腹鼎，乃是不施金的藏经纸色。总之，3000多件鼎炉彝器形制繁复、色泽多种、图案有异，实在难以说得清楚。这一批鼎彝铸成后，吴中和吴诚等人都得到宣德皇帝的嘉奖，同时，宣德皇帝还要求他们利用剩余的材料加铸簠、簋、壶、尊、俎豆等器皿。

宣德炉投入使用后，马上引起了人们极大的兴趣。据说第一批仿制品出现于宣德五年，仿制者为曾经参与宣德炉铸造的吴邦佐。有人说他窃取了剩余的材料进行仿制，可是皇宫的东西是不易窃取的（王朝灭亡时是例外），再说，窃取的材料岂敢堂而皇之地落上名款；有人说他网罗了那批工匠，用一般的铜材进行多次纯炼后可以达到同样的效果。不过，这批仿制品都铸有"大明宣德五年监督工部官吴邦佐造"或"工部员外臣李澄德监造"的楷书款，仿制得比较精良。其后，不管掌握宣德炉铸造技术的，或仅知一般的铜器铸造技术的，都在仿制，而且仿制的数量越来越多，以至于形成了仿制的派别，北京的仿制品为北铸，河南的仿制品称为南铸，苏州仿制的即为苏铸。明朝灭亡时，不仅在南京各衙门的鼎彝宝器被窃，而且在北京故宫中的许多皇家器具也大量被盗。由于真的宣德炉也流传到民间，既促使收藏家产生以重金求购的欲望，更为造伪者大开方便之门。于是鱼龙混杂，更加真假难辨了。

1979年在北京中国历史博物馆举行的"各省市自治区征集文物汇报展览"中陈列着一件宣德炉，侈口小圆唇，扁鼓腹，桥耳，三个锥形足。炉身为暗紫色，间有茶色云纹斑，器表通体鎏金和贴有大小不等的赤金片。从三个锥足的跟部可以见到炉本身的铜质所呈现的金光色。炉的外底正中有1.9厘米×2.5厘米的、扁方的、阳文"大明宣德年制"楷书款。根据这些特征，专家们普遍认为这是现存宣德炉中比较好的一个，甚至可以认为是明朝宫廷中流传出来的。可是也有专家认为此件宣德炉不过是仿制得比较好的，离真宣德炉还存在一定的距离。有的专家甚

宣德炉

至认为现存的宣德炉没有一件是宣德三年工部所造的。当然，也有专家认为至今已经不存在宣德三年所造鼎炉的观点有失偏颇，无法辨别真假的观点也是一种无知。当时所造的3365个鼎炉不可能一件也不存在，只要我们按照当时的礼部尚书吕震所编的《宣德鼎彝谱》去认真查找，不仅北京故宫就可能有，台湾故宫也可能有，明十三陵更可能有。笔者就在青海省的瞿昙寺见过圆形鼎状大香炉，就是宣德皇帝赐予的，器表"商金"（即包金），或有斑驳，但至今仍然通体黄亮，并可以从斑驳处看到炉体的铜质也是金黄色的。

黄金编钟重见天日之谜

乾隆为庆贺自己80岁生日，下令铸造一套16枚黄金编钟，所用黄金多达1万多两。编钟按照古书记载的名称铸造，现在仍旧金光灿烂地陈列在故宫博物院的珍宝馆内。民国时，政府派了大批专家在故宫挑选国宝，装箱运到西南大山里珍藏，可是专家们并没有找到这套黄金编钟，这件事成了国民政府的难言之隐。这个谜直到20世纪50年代才为两个保护编钟的有功人士所道破。

乾隆是我国历史上好大喜功的皇帝之一。好大喜功一方面为中国做出了某些卓越的贡献，另一方面却会耗费大量的民脂民膏。乾隆五十五年（1790）为庆贺自己的80岁生日，下令铸造一套黄金编钟，所用黄金多达11439两，再加上人工、配料等，耗资远不止这个数。围绕乾隆的生日庆典，清朝政府耗资巨大，铸造编钟就是其中的一项。编钟共16枚，按照自古记载的编钟名和清朝掌握的音乐理论铸造，现在仍旧金光灿烂地陈列在故宫博物院的珍宝馆内。据称编钟能演奏美妙的音乐。这套编钟曾经隐没不见，后来又是怎样失而复得的？

如前所述，西周后期的晋侯苏编钟是目前所见的最早的一套16枚青铜编钟实物。用黄金铸造编钟则是清朝的首创，康熙五十五年（1716）曾经铸造过一套，可能为庆贺65岁生日所造，乾隆五十五年再造一套。两个"五

黄金编钟

十五年"，恐怕不是偶然的巧合。《易序》说五十五为天地之数，清朝两个皇帝的内心深处在为自己在位五十五年而庆贺，为与天地之数相合而庆贺，为得天地之助而庆贺。这当然只是一种猜测。清朝的黄金编钟主要用于各种盛大的庆典活动时演奏《中和韶乐》，比如元旦、冬至、帝后的生日、皇帝的登基、皇帝的大婚、祭天、祈雨、庆祝丰年等，黄金编钟具有十分重要的意义，使用的频率也是比较高的。

乾隆黄金编钟所用的黄金数量如次（以所用黄金的分量排列）：（1）无射924两；（2）应钟888两；（3）南吕874两；（4）夷则873两；（5）姑洗787两；（6）蕤宾764两；（7）林钟755两；（8）仲吕741两；（9）夹钟714两；（10）太簇681两；（11）黄钟615两；（12）倍无射610两；（13）大吕587两；（14）倍夷则560两；（15）倍南吕536两；（16）倍应钟530两。《清史稿·乐志》说钟的大小、高短、腹径都一样，但厚薄和容积不一样，故编钟的音阶靠钟壁的厚薄来区分的。钟体用两条环形线分成三个部分：下部铸成圆饼式乳丁，供敲击之用；中部为浮雕龙纹，并标明钟名；上部为云纹。钟钮为连体双狮，四足牢牢地抓住钟体，供悬挂之用。精美的造型，富丽堂皇的图案，金光灿烂，真是美轮美奂的稀世珍宝！可以想象，每当清王朝举行重大的庆祝或祭典时，别提演奏的音乐有多么的美妙，就是这套编钟一陈列，再加上其他乐器的陪衬，则充分体现出皇帝的尊贵无比和天子的至高无上！

可是我们知道黄金器皿发出的声音并不悦耳，黄金性软，是经不起击打的，而编钟上并未留下什么击打的痕迹。那么乾隆的黄金编钟是否以黄金为主的合金？如果是，那么是什么样的合金配比？史书仅记录了所用黄金的数量和编钟的形制，并未见什么合金配比，这也是一个难解的谜。

有道是盛极必衰。这套编钟虽然仍为乾隆以后各帝相沿使用，但是挽救不了清朝衰亡的命运。嘉庆皇帝时期开始兴盛的鸦片贸易使大量白银流出海外，而鸦片严重地危害了中国人的健康，于是在道光年间爆发了鸦片战争。一波未平一波又起，持续十余年的太平天国运动几乎摧毁清王朝。

内忧不断，外患频起。摇摇欲坠的清王朝被辛亥革命推翻了。由于新建立的国民政府并未没收爱新觉罗氏皇室的财产，及抗战爆发，国民政府派了大批专家在故宫挑选国宝，装箱运到西南大山里珍藏，并派一支军队保护。可是专家们并没有找到乾隆年间所铸造的黄金编钟。黄金编钟的隐没不见，一时成了国民政府难言之隐。这个谜直到20世纪50年代才为两个保护编钟的有功人士陈亦侯和胡仲文所道破。

原来国民政府不仅没有没收清王朝的财产，而且并未将末代皇帝溥仪逐出宫门，把他安排在紫禁城的后半部，还每年拨款400万两白银作为生活费。可是皇室过惯了侈靡的生活，溥仪经常命人到宫中偷运珍宝，向银行作抵押贷款。1924年又将黄金编钟偷出，由其岳父荣源出面向北京的盐业银行抵押贷款，得40万银圆，由清宫内务府与盐业银行签订了"关于金宝、金册、金编钟等押款的合同"。同年11月，溥仪被逐出宫，当然再也无力赎回编钟了。

黄金编钟流出宫外也为国民政府察觉，开始追寻其下落。北京盐业银行行长一面矢口否认抵押一事，一面派人将编钟转移到天津盐业银行，藏于天津法租界中街盐业银行库房的夹墙中，由天津盐业银行经理兼银行会会长陈亦侯负责保管。卢沟桥事变后，日本特务就盯住陈亦侯，并派日本驻天津的副领事紧逼陈氏交出编钟。陈觉得难以保住国宝，就暗中派人到香港请示总经理，可是得到的回复却是"毁掉"二字。也就是要把编钟熔化后铸成金条。陈亦侯在无奈之下找挚友胡仲文商量对策。胡仲文同陈亦侯一样，是一位爱国的民族资本家。两人决定将编钟转移到胡仲文经管的四行储蓄会大楼地下室的一个密库内。于是找了两个可靠的工友，四人共同秘密地将编钟藏妥，并立下誓言：守口如瓶，不畏威逼，不为利动。

过了没几天，日本特务失去了耐心，于是派了军警到天津盐业银行大肆搜查，当然一无所获。而陈、胡二人也乘机放出消息，说编钟早被熔化后改铸成金条运走了。因此当时的人们都相信：稀世珍宝已经永远消失了。陈、胡二人这才稍感太平。天津解放后，他们将编钟交给人民政府，1953年重返故宫。

太平天国窖藏珠宝之谜

历史上最大规模的农民起义——太平天国运动的失败令人叹息，然而太平天国巨额的窖藏珠宝的不知所终同样令人遗憾。

1864年7月，作为太平天国首都11年的天京（南京）失陷。围城三年的湘军蜂拥闯进了天京各个城门，他们的目的就是抢掠，上至前敌总指挥的大头头曾国荃，下至军营里雇佣的民工、文职人员，都想发横财，当时传闻洪秀全和天国新贵收敛财宝都藏在此地。湘军三日三夜搜查全城，曾国荃和提督萧孚泗先洗劫天王府，他们捞尽官衙甚至民宅的一切浮财，连同几万名女俘虏，一并作为胜利品带回去。但是，他们远不满足，"历年以年，中外纷传洪逆之富，金银如海，百货充盈"，因而认为还有更多财宝埋藏在地下各处。曾国荃抓到李秀成后，非常高兴，用锥尖戳刺李的大腿，把李秀成弄得血流如注，一方面是因为气恼李秀成守城坚固，更是为了紧逼李秀成说出天京藏金下落。曾国藩不久从安庆赶到南京，赞赏其老弟"以谓贼馆中有窖金"，又多次软硬兼施，追问李秀成藏金处。这也是李秀成被较晚处死的另一个原因。李秀成被俘之后，清朝皇帝也派僧格林沁、多隆阿来南京督促，李秀成却始终未透露太平天国天京的窖金事宜。

天京确实有窖金埋藏，曾国藩在城破后下令洗劫全城，但"凡发掘贼馆窖金者，报官充公，违者治罪"。虽然湘军军令严明，但在"破城后，仍有少量窖金，为兵丁发掘后占为己有"。天京被攻破后，除抗拒的太平天国将士遇害外，尚有1000余人，即占守城精锐的1/3，随李秀成保护幼天王逃脱，《能静居士日记》卷二十则说"另有其余死者寥寥，大半为兵勇扛抬什物出城。或引各勇挖窖，得后即行纵放"。上元人孙文用在《淞沪随笔》（手抄本）中认为"城中四伪王府以及地窖，均已搜掘净尽"，但他说的也许是斗筲金银，而大宗窖金下落，并未见有著述，给后人留下一个谜团。

民间流传的另一种说法是：在南京从前有个富丽堂皇的大花园"蒋园"，园主蒋某，绰号蒋驴子，据说他原来只是一个行商，靠毛驴贩运货物。因为有一次运军粮，得到太平天国忠王李秀成垂青，被任命为"驴马车三行总管"。天京被围，内宫后妃及朝贵多用金银请人办事，"宫中倾有急信至，诸王妃等亦聚金银数千箱令载，为之埋藏其物"。《红羊佚闻·蒋驴子轶事》则说："有金银数千箱，命驴往，埋于石头山某所。"蒋氏后来因此发财起家，成为近代金陵巨富。《红羊佚闻·蒋驴子轶事》中还说，民国初年，也有南京士绅向革命军都督和民政长官报告"洪氏有藏在某处，彼亲与埋藏事"，由此引起一些辛亥元老国勋的野心，"皆以旦夕可以财为期"，可是雇人多处寻掘，仍毫无收获。

这种事情，20世纪初多有传闻，众说纷纭，成为疑案。南京当年天王府遗址，至今只有西花园一角还隐约可见旧时面貌，据介绍，南京解放时期，有人听说洪秀全窖金的事，将园中湖水放干，但也一无所获。

窖金的下落究竟如何，传闻很多，却没有证据。曾国藩向皇帝奏报说没有发现藏金。然而《能静居士日记》中却说萧孚泗"在伪天王府取出金银不资，即纵火烧屋以灭迹"。曾国藩兄弟俩当然所获很多。1866年5月19日的《上海新报》上记载说"宫保曾中堂之太夫人，于三月初间由金陵回籍，护送船只，约二百数十号"，这时搜刮物似乎包括窖金。但天京窖金如藏了很多，那也不会全数遭挖掘，很难排除确有更多的深藏巧埋之物至今仍未能发现的可能。

如此巨额的窖藏珠宝，当然会引起世人极大的兴趣，因此会众说纷纭，但这些珠宝的下落究竟如何，到现在也还是一个谜。

碑　刻

熹平石经颠沛之谜

　　《熹平石经》是中国第一部官定的石刻经书，从选择经书文本到最后的书写都极其认真。20余万字的碑文出自东汉末年著名书法家蔡邕之手，堪称一代精品。惜乎国宝命运多舛，《熹平石经》从董卓火烧洛阳城开始屡遭厄运，甚至沦为造房子的基石。时至近代，在日寇的步步紧逼下，残存的《熹平石经》又在井下度过八年抗战，直到抗战之后，《熹平石经》历经波折才回归碑林。

　　西安碑林有一些残碎的石碑，虽说它们表面上都已经残破不堪，完全不能和碑林中的其他又高又大的碑刻相媲美，但这些石碑却仍然被人们非常小心保护起来，这是为什么呢？原来，这些现在表面看上去残破不堪的石碑是中国历史上第一部官定的石刻经书——熹平石经的残片，中国的学术和书法以及镌刻水平的第一次完美的结合就是熹平石经。上面曾经密密麻麻刻满了经书。有人要问为什么要把经文刻在石碑上呢？

　　我们知道，汉武帝为了统治天下人的思想，实行了董仲舒所提出的"罢黜百家，独尊儒术"的政策，从此儒学一跃而成为封建的正统学说。西汉中后期，儒学大师们针对当时社会各项制度不完备的现实，用儒家经典阐述微言大义，有的人还直接参与到国家政治治理中去。东汉建立之后，儒学研究日益细致化、学术化，研究古文经学蔚然成风。古文经学家注重文字的训诂与考证，随着他们对古文字研究的深入，迫切感到要尽快规范经文的书写来规范整个学术的风气。而今文经学家讲究义理之学和经世致用，用所谓的"微言大义"的方法，不顾文献本身的意义而牵强附会地望文生义。儒家经典的今古文之争越演越烈，东汉朝廷为了平息许多不必要的争论，又因为许多争论是因文本的文字或句子出现的差别而起。于是在汉灵帝熹平四年（175），议郎蔡邕、张训等上书要求正订六经文字。灵帝批准后，蔡邕、张训等将《周易》、《尚书》、《诗经》、《礼记》、《春秋》、《公羊传》、《论语》七种经典选定正本、订正文字。由于当时正值碑刻盛行之际，七种典籍便被用隶书刻于石碑上，作为经书的标准版本，成为我国第一部官定石刻经本。利用碑刻的形式来统一今古文之争，也反映出这些学者们希望自己所做出的书写规范能和石碑一起流传千古的内在心理。

熹平石经

在镌刻石碑前，首先由学者们对汉代通行的经学流派经书文本进行参考比较之后，选择其中最好的本子，确定为经书的标准文字；再由当时书法第一流的国手蔡邕用朱砂笔以隶书在碑石上写好经文；最后工匠依文镌刻。这项工程从汉灵帝熹平四年（175）起至光和六年（183）止，历时九年，共刻石碑46座，全部碑文约20万字。这部石经因刻于熹平年间，又只有隶书一种字体，故称"汉石经"、"熹平石经"或"一字石经"。

熹平石经镌刻竣工后，立于洛阳郊区偃师县太学（当时国立最高的学府）的门外，碑石均为长方形，约高1丈、宽4尺。碑顶以瓦屋覆盖，碑下有座。每碑双面刻文，经文自右向左直行书刻。这项由最高统治者钦定、规模空前的文化工程在当时引起极强的轰动。《后汉书·蔡邕传》载："及碑始立，其观视及摹写者，车乘日千余辆，填塞街陌"，其盛况可见一斑。

可是如此气势宏伟的石碑仅仅辉煌了七年，便开始了它多舛的命运。汉献帝初平元年（190），董卓退守长安，临走之前放火烧毁洛阳城，其下属则对偃师的太学肆意破坏，石经开始被损坏。到了南北朝的时候，北齐高澄将石碑从洛阳迁往邺都，结果在半路上掉到水里，运到邺都的还不到一半。隋朝开皇年间，又从邺运往长安，但由于隋官府不重视，竟用石碑做柱子的基石。到唐贞观年间，魏征去拯救这些文化瑰宝时，已是十不存一。以后就仅剩些拓片和零星出土的碎石残片。

1931年，时任监察院院长的于右任从洛阳买到《熹平石经》残石，两面存字450字，非常珍贵。1936年运抵西安暂存文庙。当时日寇已逼近潼关，并开始对西安空袭。受命保存《熹平石经》的省考古会委员张鹏一先是将其埋藏于碑林东院。1939年，为了更好地保护石经，张鹏一又挖出了它乘骡车冒险出城，历尽千辛万苦将石经运回家乡富平县董南堡村，吊挂在家中一口枯井内，并要求家人不准随便开启井盖，不准走漏消息。1943年10月，张鹏一病逝于家中，临终前一再嘱咐家人要悉心保护石经，一定要完璧送归于右任。抗战胜利后，张鹏一之子张午中唯恐石经发生不测，写信给于右任的好友张文生，希望其将残石尽快设法运走，后来张文生将《熹平石经》残石运至三原民治学校，不久又转运到于右任之侄于期家中。1952年，陕西文管会派人从三原运回残石，重新安置于碑林，结束了其13年的漂泊生涯。

规模浩大、气势宏伟的熹平石经，是东汉时期尊崇儒学、风行隶书、碑刻盛行的结晶。它作为我国历史上最早的儒家经典石刻本，对校对版本、规范文字起到了重要的作用。虽说现在完整的熹平石经已经不复存在了，但是自宋朝之后，不断又有残石出土，据说现在已经集存了8000余字，终于也可以让我们一窥熹平石经的原貌。

正始石经碑文书家之谜

中国的经学源远流长，三国曹魏时雕刻的《正始石经》更是其中的珍品，因为其中一块碑刻上，不但雕刻了三部著名的古文经书，更重要的是碑刻上的文字用三种字体书写而成。三国时期，究竟是哪位著名的书法家能够用笔同时写出端庄的隶书、严谨的篆书和古朴的古文？是竹林七贤的嵇康？还是魏国书法名家卫觊？这一切都成了不解之谜。

雕刻于曹魏正始年间的《正始石经》是中国第二次石刻经书，用古文、小篆、隶书三种字体雕刻了《尚书》、《春秋经》和《左氏传》，所以又称《三体石经》或《三字石经》。《正始石经》因为是用古文等所刻成，所以在中国的书法史上具有极其重要的地位。但对于这样一块重要的石碑，它究竟是由谁雕刻的，却一直存有疑问。

谈到石刻经书，自然要讲到经学。中国的学术在几千年的流传过程中，占有最重要地位的恐怕就要属经学了，自汉朝设立"五经博士"之后，历代统治者都将春秋战国时期的儒学著作奉为经典，要官员们和老百姓们牢牢记住，并运用这些经书来治理天下。东汉末年由蔡邕所书写的《熹平石经》是中国历史上的第一块石刻经书，用隶书写成立于太学门外，对普及经学规范经书的格式起到了很大的作用。可是由于东汉末年的董卓火烧洛阳城，导致《熹平石经》被毁于一旦。到了曹魏的时候，和平的岁月催生出文化的需要，当时的统治者和有识之士认为有必要对于经学再进行一次整理，并仿效《熹平石经》，将整理好的经书刻在石头上使之流传千古。当然，另一个原因是由于当时的古文经学的势力抬头，认为熹平石经所刻的是今文经，故古文经学家不服气，所以也要正式颁布古文经。

《熹平石经》是用汉朝通行的隶书所写成的。为了更好地反映文化的变迁，在雕刻石经的时候，当时的文人学者决定用三种字体（古文、小篆、隶书）来雕刻石经，其中的古文采取的是秦始皇统一文字前的写法，因而极具价值，因为雕刻于曹魏正始年间，所以石经叫《正始石经》，又因为经文用古文、小篆、隶书三种书体所刻，故又称《三体石经》。从曹魏正始二年（241）开始，总共雕刻了《尚书》、《春秋经》和《左氏传》，总共立有48块石碑，共有14.8万个刻字。其后也许是由于经济的原因和朝廷的更替，《正始石经》就再也没有雕下去。

《正始石经》无论对研究经学还是战国古文字，都具有重要资料价值。尤其自晚清至近代以来，海内外学者考证这部石经以及研究它的内容和文字的著作很多。但这些碑文出自谁人之手呢？历代学者众说不一。

第一种说法认为《正始石经》是出于汉魏间的著名书法家邯郸淳之手。南梁时期，袁昂在《古今书评》评价邯郸淳的书法"应规入矩，方圆乃成"。北齐魏收在《魏书》提到："陈留邯郸淳亦与（张）揖同时，博古开艺，特善《仓》、《雅》……又建《三字石经》于汉碑之西，其文蔚炳，三体复宣。"唐人李延寿的《北史》所记载的也略同上说。赞同这种观点的还有宋人王应麟、清人阎若璩、孙星衍等。

第二种说法则将《正始石经》的作者定位于魏国书法名家卫觊。卫觊系河东安邑（今山西夏县）人，是三国时期与钟繇齐名的最著名的大书法家。魏文帝曹丕黄初元年（220）正式称帝以魏代汉的《魏受禅碑》，即是卫凯以金针八分书，在魏初可谓名盛一时，深得曹氏亲信。说卫觊书写《三体石经》最早源于晋人卫恒《四体书势》。唐朝房玄龄等撰《晋书》中引《四体书势》云："魏初传古文者，出于邯郸淳。恒祖敬侯（卫觊）写淳《尚书》，后以示淳，而淳不别。至正始中，立《三字石经》转失淳法，因科斗之名，遂效其形。"清代顾为武、冯登府及近人杨守敬也都主卫觊书写，他们认为如果石经不是卫觊写的，所谓的"石经失淳法"又为什么要写在卫觊传里面呢，正因为是卫觊写的，所以才要特别声明与邯郸淳的写法不同。

第三种观点认为是三国魏书家韦诞写的。吴维孝《汉魏石经考》中根据《魏书·江式书传》，主韦诞书，云"则正始之经其或出诞属之手欤？"韦诞之书，诸体并善，尤精署书，魏之宝器铭题，皆出诞手，又传诞作剪刀篆，并善飞白。

第四位被认为是书写者的是竹林七贤之一的嵇康。嵇康的书法很有名，著名书法理论家张怀瓘称赞他说"叔度（嵇康字）善书，妙于草制"。而与嵇康同时代的赵至则说亲眼目睹嵇康书写《三体石经》。《晋书·赵至传》云："赵至字景零，代郡人也，寓居洛阳……年十四，诣洛阳，游太学，遇嵇康于学写石经，徘徊视之不能去。"嵇康的儿子嵇绍《赵至叙》亦云："（赵至）年十四，入太学观，时先君在学写石经古文，事讫，去。"清人朱彝真《经义考》、刘传莹及周贞亮等根据这两条史料也都主张石经是嵇康写的。

而另有一种说法则认为是出于邯郸淳而由嵇康书写。此说流传甚广，影响

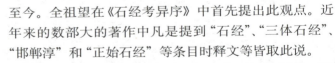

至今。全祖望在《石经考异序》中首先提出此观点。近年来的数部大的著作中凡是提到"石经"、"三体石经"、"邯郸淳"和"正始石经"等条目时释文等皆取此说。

最后一种观点认为是张揖所书。王献唐《汉魏石经残字叙》据北宋郭忠恕《汗简叙略》并改动《魏书·江式传》文字，主揖书。

综观上述六种说法，都可谓有道理。那么到底是谁书写了《正始石经》呢？经过对上述说法的考证，再加上对碑刻本身的研究，近人认为《三体石经》是多人合作之作，而非一人所写就。范邦瑾在《书法研究》上撰

正始石经

文《魏〈三体石经〉书人略论》提出了这种看法。从《三体石经》所刻碑文名字的字体大小、笔画写法和书法风格来看，极不相似。国学大师王国维《魏石经残石考》云："品字式者古文、篆、隶三体似出一手，直下式者则三体似由三人分别书之，而书品字式古文与书直下式古文者亦非一手。不独书人不同，即文字亦不画一。"所以说《正始石经》非一人所书，而是由集体一起书写的。但讲到究竟有哪些人参与书写石经时，由于原碑毁损严重，出土残石中均未见有书人姓名，再加上文献中也缺乏记载，只得暂时存疑，直到有新的史料出现。

《正始石经》的原石到北魏时期还保存在洛阳，孝文帝时，冯熙、常伯夫先后任洛州(今洛阳)刺史，取石板以建寺庙，这部石经遂遭毁坏。到清朝为止，只有残碑的拓本流传，石刻本身从清代光绪年间起，《正始石经》碑版的残石数次出土于洛阳地区，引起人们高度重视。《正始石经》的残片与拓本现藏于故宫博物院与上海博物馆。人们可以通过这些残片一窥中国丰富多彩源远流长的书法艺术。

天发神谶碑下落之谜

中国古代的诸侯们一个个都想着做皇帝，都想得到老天爷的帮助，于是乎个个抢着表明自己是老天选定的皇帝候选人，于是一篇篇碑刻涌现出来，《天发神谶碑》就是其中最重要的代表。"天发神谶"究竟是什么意思？《天发神谶碑》的鸡爪篆又是什么样的？这块著名的碑刻到底还在不在人世间？何以数十年来存在着迥异的两种说法？或许我们可以从一个个皇帝梦开始来寻找答案。

三国时期碑帖的书法特征主要是从隶书向楷书的过渡，三国除了曹魏之外，西蜀是确实没有石刻的，东吴的石刻也不多，以《天发神谶碑》最为著名，但是正是这块少见的东吴碑刻，其最终的归宿却是一个难解之谜。

潘天寿在《中国绘画史》所说魏晋绘画"承汉末之遗势而顺进之"。所说魏国的书法无不因袭汉代。当时的碑版和写经仍然使用隶书或篆书，由此而产生了一些优秀的书法艺术的代表作品。碑版有《受禅碑》、《上尊号碑》、《孔羡碑》、《范式碑》、《曹真残碑》等，书写经书的有魏正始《三体石经》，等等。可以说是一派繁荣，但由于曹操以"不惜倾无量之资财，以博建立碑碣之虚荣"为理由，而严禁私人立碑，所以这时期的碑版虽然有些很优秀，但总体并不多。

作为曹魏同时期的吴国地处江东，其书法诡异与中原大不同，大有楚风。所以，吴国出现了一些极为著名的书法家，并留下了艺术价值很高的石刻。而其中最出名当属《天发神谶碑》。《天发神谶碑》亦称《吴天玺纪功刻石》，三

国吴篆书碑刻。话说公元264年东吴皇帝孙休死后，为了保持国家的安定，大臣们决定要推选一位年长的宗室来继承皇位。于是选来选去，选中了宗室中最年长的孙皓来继承皇位。可是孙皓的名声并不好，为人残暴。继帝位后更加昏庸残暴，政局日渐险恶。276年，改元天玺，为了稳定人心，于是制造天降神谶文的舆论，以为吴国祥瑞而刻此石。《天发神谶碑》的"谶"字正是预言的意思，表明老天也同意孙皓做皇帝，所以此碑又叫《吴传皓纪功碑》。

天发神谶碑拓片

《天发神谶碑》在天玺元年(276)立于建业(今南京)，相传是皇象所书(一说苏建书)。碑石在东晋刘宋时已断为三段(一说原是三石相垒而成)，因有《三段碑》之称。全碑第一段21行。"诏遣"一行6字，"大吴"一行7字，余皆5字，第二段17行，满行27字，第三段10行，一行3字，后有宋人二跋。

在中国书法史上《天发神谶碑》是一块非常奇特的碑刻。书碑者以隶书笔法写篆，凡横画皆如隶书之横画；凡直竖都写成倒着韭菜叶状，故称之为"倒韭篆"或"鸡脚篆"，文字犀利坚硬，险峻诡异，为大小篆以来所未曾有，所以很受金石、书法界重视；棱角分明的字形显示了威严厚重的力量，为历代书家所称道。南朝王僧虔说过："吴士书也，无以校其多少。"宋黄伯思云："吴时有《天发神谶碑》，若篆若隶，字势雄伟。"可见吴国之书都有点怪异，此碑尤其明显。康有为称碑刻"笔力伟健冠古今"。

《天发神谶碑》的笔法不但受人推崇，更成为后世书法家学习的楷模。居于扬州八怪之首的金农那一笔著名的"漆书"正是他融合了《天发神谶碑》的笔法所创造出来的。正所谓以质拙朴厚为体、楷书中杂有隶意。这一点正好和《天发神谶碑》的非篆非隶相得益彰。而至近现代以来，篆刻家往往采用鸡爪篆的书写形式入印，很有特点。

《天发神谶碑》的卓越艺术成就影响着一代代的书法家，为爱好者所摹写。但当谈到此碑的最终的归宿问题的时候，却出现了一个难解之谜。关于《天发神谶碑》的下落存在着截然相反的两种说法。

最流行的是被毁说。《天发神谶碑》最早在南京天禧寺。宋元祐六年(1091)胡宗师将碑移至转运司后圃筹思亭，不知何时又移江宁学尊经阁，嘉庆十年(1805)三月校官毛藻在印刷《玉海》时候，不慎失火，此石尽毁。但在1986年的《南方周末》却又出现了一个截然相反的说法：《天发神谶碑》还存于世上。嘉庆十年(1805)，尊经阁遭受火焚，此碑确实也被烧，但后人在清理瓦砾时，将其挖出，重新安置在夫子庙大成殿附近；文化大革命时期，此碑被有关部门收藏保护，但三段只剩下两段了；1982年剩下的两段被移入南京长江路290号江苏省人民政府西花园内的"夕佳楼"，嵌于碑廊西壁左右两侧。

如果说第二种说法是事实的话，那东吴奇碑《天发神谶碑》当还在人世且得到了妥善的保管。但奇怪的是此说虽已产生近20年，但第一种"被毁说"仍流行于世，且不绝于书，看来要探究《天发神谶碑》的真正归宿，还要亲自去看一看原碑是否还在，嵌于夕佳楼是否真的是原来的《天发神谶碑》。

瘗鹤铭的作者之谜

王羲之喜欢鹅早已为人熟知，正因为他爱鹅，所以留下了一连串的故事和遗迹。但很多人不知道，王羲之还喜欢高贵雅致的丹顶鹤，同样也留下了不少故事。焦山瘗鹤铭摩崖便是一个和王羲之有关的故事。虽然摩崖的来历同王羲之有关系，但说到摩崖的作者，"书圣"这次就不能专美了，因为有另一个名人来和他竞争；他便是有"山中宰相"之称的著名道家陶弘景。

焦山是镇江著名的一个景点，相传东汉的著名隐士焦光曾经隐居在此山中，故而有这个名字。焦山矗立在滔滔长江之上，不仅风光秀丽，松柏银杏，争奇斗艳，更兼有寺院楼台，各式楼阁点缀其中，为秀美的焦山平添了浓郁的人文气息。在这竹林掩映，幽静深远的焦山中有一座定慧寺，定慧寺中有一副著名的对联："龛收江海气，碑出玉龙渊。"对联是由清朝著名的书法家伊秉绶所书写，笔风不凡，而对联的内容也正好点明了焦山的两大景点，"龛"指的是佛龛，这里就是指定慧寺，而其中的"碑"则写的是焦山另一样国宝，著名的瘗鹤铭摩崖，并且顺便说了一下瘗鹤铭摩崖两个被从滚滚长江中打捞出来的典故。瘗鹤铭摩崖是南北朝时期一块著名的摩崖刻石，关于这块摩崖刻石的作者，至今仍然众说纷纭，没有一个定论。

讲到瘗鹤铭摩崖，我们自然要讲一讲一个典雅而又非常吸引人的传说。

东晋著名的大书法家王羲之，字写得千古一绝，他的爱好也非常的奇特。世人都知道王羲之喜欢鹅，为了买老道士的鹅，还免费帮道士抄了一遍《道德经》。可是人们恐怕不知道，王羲之除了喜欢鹅之外，还喜欢另一样动物，那便是丹顶鹤。如果联系王羲之的字来看，我们就不难理解王羲之为什么喜欢丹顶鹤与鹅了。鹅走起路来摇摇摆摆，有一股雍容的气质，表现了王羲之字体大气。而丹顶鹤与松竹齐名，表现了一种高贵和雅趣，反映在王羲之的字上就是一股典雅的气质。书圣的字外表大气，内里飘逸、雅致。字如其人，所以王羲之特别喜欢鹅与丹顶鹤。

相传有一次王羲之到焦山来游玩，看上了一对丹顶鹤非常可爱，于是就买了下来，喜欢备至。但是由于丹顶鹤不便带回，所以回去之前王羲之特别委托他人代养。到了第二年王羲之想念这对丹顶鹤，于是又一次来到焦山，准备把这一对丹顶鹤一起带回家养。但是可惜的是当他来到焦山的时候，一对丹顶鹤已经病死了。深爱丹顶鹤的王羲之听到这个消息后痛惜不已，难过万分，来到埋葬丹顶鹤的地方独自神伤，并且挥毫为丹顶鹤作了一篇悼文，表达了自己的追思。《瘗鹤铭》就是埋葬丹顶鹤的一篇铭文。后来就有人把王羲之的这篇悼文雕刻在焦山西麓的岩壁上。

瘗鹤铭摩崖雕成之后，马上吸引了历代的无数文人雅士来此观读奇文，赏析书法。据说宋朝的大书法家米芾大热天还特地来焦山，顶着毒辣辣的太阳观赏《瘗鹤铭》。著名的文学家陆游也同米芾一样，被瘗鹤铭摩崖所倾倒，只不过他来观赏的时候是严寒飘雪的大冬天。陆游同一群好友"踏雪观瘗鹤铭……慨然尽醉"。宋代诗人吴璩在《春日焦山观瘗鹤》的诗中写道："游僧谁渡降龙钵，过客尽摸瘗鹤铭。"可见历代文人对瘗鹤铭的喜爱程度。

瘗鹤铭受到人们的如此喜爱，但是正如定慧寺的对联中所提到的"碑出玉龙渊"。这块摩崖刻石曾经两次坠入江底。第一次是在北宋末年南宋初年的时候，由于打雷闪电击中了刻石，导致瘗鹤铭摩崖碎成五块沉入江中，后来据传被打捞了上来。之后又坠入了长江，直到康熙五十二年才又被打捞上来，打捞上来的是五块原石，残存有77个字。为了防止瘗鹤铭再次坠落，人们便把瘗鹤铭摩崖搬到了山上的定慧寺中，专门妥善保管了起来。

瘗鹤铭摩崖的命运坎坷。回到正题，瘗鹤铭的作者是谁，也正因为瘗鹤铭摩崖的坎坷而成了一个不解之谜。

如果从瘗鹤铭摩崖的典故出发，王羲之当仁不让的就是瘗鹤铭的作者。铭文的书法确实与王羲之的书法有一脉相承的特点，结体自然，文字排布浑然天成、气势飘逸，与自然相合成趣。同王羲之著名的《兰亭序》有异曲同工之妙。宋代著名的书法家黄山谷就认为这是王羲之的作品，称瘗鹤铭是"大字之祖"。

但还有一种说法认为瘗鹤铭不是王羲之所书，而是由南朝的陶弘景所书。陶弘景是南朝著名的思想家、医学家、茅山派的创始人，号华阳真人。在南齐的时候，曾经出任高官后来隐居起来潜心专攻道教。梁武帝萧衍曾经屡次邀请他出山，但是陶弘景一直拒绝，但梁武帝一有国家大事便会找陶弘景咨询。故而陶弘景又有"山中宰相"的称号。之所以说是陶弘景所书，一方面是因为陶弘景的书法也非常有名，字的风格直接来源于王羲之。另外还有一件萧梁天监年间的题字间接证明了《瘗鹤铭》是由陶弘景所书。虽说有这些证据，但是到目前为止，瘗鹤铭摩崖的作者仍然是一个谜，一个还无法完全解决的问题。

郑文公碑书家未载史册之谜

名人的一举一动都受人关注，他们生活在社会的聚光灯下，小小的一个细节都会被人广为流传。北朝著名书法家郑道昭有"书中之圣"的称号，他的摩崖刻石《郑文公碑》得到历代书法家的称颂。但我们却无法在史籍中找到他精通书法的任何记载。是嫌书法雕虫小技不值得记录？还是生不逢时，没有得到当时人的承认？抑或另有隐情？何以在史书上找不到一点痕迹？

山东云峰山摩崖刻石号称北魏书法艺术的三大宝库之一。整个云峰山总共有大小刻石35处，其中北朝刻石17处，宋代刻石10处，明清刻石各2处，不知道具体时代的刻石有4处。在这些摩崖石刻中，最为后人所推崇的，当属被清朝人称作"书中之圣"的郑道昭的《郑文公碑》。

说到南北朝时期的书法艺术，人们会习惯性地将目光投到南朝，因为那里有南北朝时期最著名的书法家。但是在当时的北朝同样有一大批有名的书法家，郑道昭便是其中之一。

郑道昭是北魏荥阳开封人，郑家与北方的崔、卢、王家一起被称作四大名门望族。郑家从西汉时期的大司马郑当时开始一直绵延不断，一直在朝廷出任高官。

郑道昭的父亲叫郑羲，是北魏孝文帝的岳父，死后议定谥号为"文灵"。《郑文公碑》中的郑文公指的就是郑羲。《郑文公碑》是郑道昭出任光州刺史的时候所撰写的。《郑文公碑》有两块，分别被称为上下碑。云峰山的这块是下碑，上碑在天柱山上。两块碑刻的内容基本相同，都是歌颂自己父亲品德的文章。

为什么说《郑文公碑》最受后人推崇呢？

一方面是因为它的书法艺术境界的高超。《郑文公碑》在魏体书法艺术上或圆或方的用笔，圆转有致、浑厚强劲，康有为称此碑是圆笔的极致。而且郑道昭也不满足于传统圆笔追求秀美圆润的风格，在圆笔中融入了苍劲的涩笔，为圆笔作书开创了新路。整个碑刻浑然天成，在规矩中充满趣味，在结构上又分毫不差，结合了多种碑刻的特点。另一方面，在乾隆嘉庆年间，为了纠正书法界书风萎靡不振的情况，阮元与包世臣等纷纷大力提倡碑学，把研习北朝的碑刻作为一种时尚，对包括《郑文公碑》在内的北朝碑刻推崇备至。包世臣在《艺舟双辑》中谈到"北碑体多旁出，《郑文公碑》字独真正，而篆势，分韵，草情毕具"。得到了他的赞誉，郑道昭和《郑文公碑》从此名声大振。

郑道昭的《郑文公碑》既然如此艺境高妙，但是在《魏书》、《北史》上均没有为他列专传，仅附在《魏书》、《北史》的其父郑羲的传记中，但也没有提到郑道昭的书法。后人对此有很多议论，也有不少猜测。

有人认为，书法在当时北朝被认为是雕虫小技，不值得一提，但是关于这一点，有人用史书进行反驳，认为魏晋时期的许多书法家在史书上都有记载，与郑道昭同时代的一些善于书法的人在史书上也多有记载，比方说崔浩、崔光和卢玄等人。

另外有人认为，北朝善于书法的人，最初称道

郑文公碑拓片（局部）

的是卢氏、崔氏两大士族。北朝书法深受崔、卢两家的影响。两家练习书法的传统和渊源都非常深厚，他们都师承名家，如以锺繇、卫瓘、索靖为师，经过数代人的薪火相传，一直以书法闻名。而荥阳郑氏以文章名闻天下，郑家在东汉时期还出了一个著名的经学家郑众。同时又因为郑家一向在政治上名声更大，所以郑道昭父子善书都不见于史书之中。

还有人认为，郑道昭父子善书的不闻名在于他们的书法艺术不受当时时尚的喜爱。历史的发展和当时历史情况的不一样，决定了人们对于同一艺术的不同的审美标准。郑道昭的书法以篆隶并重，方圆并用，行笔涩重，在实用的简便流利上不及当时其他的碑刻。从艺术气质上来看，郑道昭的书法比较质朴，少有精巧、细致的气息。处在像南北朝热衷艺术美，倡导玄学的年代，朴实的郑道昭的书法自然无法像同时代的其他书法家那样有名。这也是为什么到了后来，郑道昭的字又被人极为推崇的原因，他的书法未得当时书法的风气之先，落后于发展的时代潮流，自然难以得到当时的喜爱。

现代还有人进一步指出，南北朝时期，正逢中国书法界字体的改革，向真书改革。而写真书的技法，直到南朝齐梁之际，北朝魏孝文帝迁都洛阳，实行汉化之后，才为广大执笔者所掌握，所以在东晋"二王"之后，能传授"二王"法，推广新字体的使用者，能拥有真正的名气。而可惜的是到了郑道昭的时代，南北两地已经普遍通用了真书。他虽然工于书法，但对于推广使用新生字体已无法做出重要的贡献，所以没有被人所注意。

郑道昭的善书之所以不见于史书，各人研究有各人的道理。但现在看起来仍然是一个不解之谜。虽然郑道昭的书法名气没有在史书上流传下来，但是他的作品仍然得到无数书法家的敬仰，著名当代书法家沈尹默就曾经盛赞《郑文公下碑》："后来书家，唯登善《伊阙》，颜鲁公诸碑版差堪承接。"

昭陵六骏碎身之谜

唐太宗是中国历史上少有的英武皇帝，18岁出征，29岁登上帝位。11年的戎马生涯造就了唐太宗不朽的武功，同时也让他骑过的战马名声大噪。为了纪念它们，唐太宗特别请工匠根据马的画稿雕刻了赫赫有名的"昭陵六骏"。但时至今日，"六骏"的身上却布满了裂痕。西安从没有受到外敌占领，也没有重大战乱，何以会有人对"六骏"横加破坏？"六骏"的命运又为何多舛呢？

在陕西唐太宗的昭陵中，有六块造型不同的战马石碑总是吸引着最多人的眼光和闪光灯的"关照"，这便是天下闻名的"昭陵六骏"。石碑上雕刻着唐太宗李世民曾经骑过的6匹战马。但这六块石碑的表面却布满了一道道的裂痕，像敲碎了一样，坏得很严重，究竟这六块石碑经历过怎样的身世呢？为什么碑石上会有如此多的裂痕呢？

拳毛䯄

西安有句话说的好："南方的才子北方的将，陕西的黄土埋皇上。"作为中国历史上建都时间最长的城市，这里埋葬了众多的帝王将相，流传着诸多的英雄史诗。而在这些众多的君主中，唐太宗李世民无疑是最受人们尊敬的一位帝王，他在位23年，开创了政治清明、社会安定、经济发展、文化兴盛的"贞观之治"，可以说在中国历史上，唐太宗李世民是一个独一无二的伟大的皇帝，他所受到的赞誉在众多帝王中是少有的，或者说是独有的。

唐太宗在称帝之后，实行了一系列休养生息的政策，使得唐朝逐渐富强起来。这里体现了唐太宗作为政治家的本色，但我们也不应忘记唐太宗的超群的军事才能。唐朝的江山几乎可以说是由太宗打下来的，李世民本人似乎也希望后人能记住自己的军事才能，但如何能不露痕迹地留下自己的功绩呢，嗜马如命的李世民在自己的战马身上找到最佳的契合点。

唐太宗很有一套驾驭良马的本领，并且精通骑兵战术。在唐朝初年的统一战争中，总能看到他率领骑兵一马当先突破敌阵的英姿。在战争中，总共有6匹战马是最受李世民所喜爱的；他骑着这6匹战马南征北战，这些战马也为李世民的最终胜利立下了汗马功劳。为了纪念这6匹战马，同时也希望借这6匹骏马来显示自己的军事才能，所以唐太宗在贞观十年十一月埋葬长孙皇后之后便诏令将6匹骏马刻石列置于昭陵北麓祭坛内。这6匹骏马有6个漂亮的名字，分别是：白蹄乌、青骓、特勒骠、飒露紫、什伐赤、拳毛䯄。六骏的雕像据说是唐初著名的画家阎立本所绘制，唐太宗根据图画来写赞语，讲述每匹战马的不同功绩。写完之后，再请工匠们根据原画进行雕刻。石雕每块高1.71米，宽2.05米，厚0.3米。工匠采用圆雕和浮雕相结合的方式完成。造型粗犷，雄健有力，神态生动，质感强烈。六骏的形象各不相同，有的原地待步，有的腾空飞跃，有的如将上战场，而有的又似刚刚厮杀完毕，各种形态栩栩如生。可以说昭陵六骏代表了唐朝初年雕刻艺术的最高成就，打破了北朝之后从佛像雕刻中所承袭的呆板和俗气，为中国的石刻艺术吹进了一股清风。

但令人痛心的是，这6块稀世珍宝却在20世纪遭到毁灭性的破坏，并且有的甚至流落海外。民国三年（1914）飒露紫和另一匹骏马刻石被盗运国外，流落在美国费城宾夕法尼亚大学博物馆。其余四骏在盗运中被发现，盗贼未能得逞。但在盗运过程中由于石刻过于庞大，盗贼为了方便运输和装箱，于是将六骏刻石都打成数块，这就是为什么在现有的6匹马的身上都有裂痕的缘故。历经沧桑的六骏图，现在西安碑林中找到了自己的归宿，同时向人们讲述唐太宗所具有的非凡的军事才能，展现这位千古一帝的风采。

武则天立无字碑之谜

陕西古称关中，地理位置在中国古代极其重要，强盛的唐王朝以此为根据地开创了近三百年的基业。唐朝历代皇帝的陵墓也大都在陕西省境内。其中有一座陵墓里面埋葬了一男一女两位皇帝，这便是著名的乾陵。里面埋葬的是中国唯一的女皇帝——武则天和她的丈夫唐高宗李治。

公元705年十一月，武则天病逝于上阳宫的仙居殿。第二年她的灵柩被安葬在乾陵，同唐高宗合葬在一起。乾陵位于陕西乾县以北的梁山上，整个陵寝以峻拔高大的梁山为基础，建造了长长的墓道，从山下一直通往山顶的地宫。墓道两旁排列着有真人大小的石雕像，在朱雀门的地势宽广处，并排矗立着两块高6米左右的墓碑。西面为"述圣碑"，由武则天撰文、唐中宗书写，用文字歌颂唐高宗在位时期的文治武功；东面是另一块石碑。整块墓碑用一块完整的巨石雕凿而成，高7.53米，宽2.1米，厚1.49米，给人以凝重厚实、浑然一体的美感。碑首雕刻了8条螭龙，碑的两侧是栩栩如生的《升龙图》，碑座上有《狮马图》，马匹温顺，雄狮威严，体现了刚柔并兼的美感。碑上还有许多花草纹饰，线条精细流畅。

如此巍峨壮观的墓碑不但在历代皇帝的陵园中少有，就是在中国碑刻史上也是一件精品。但是这块碑出名就出名在虽然雕刻精细，但墓碑上面没有一个字，后人称之为"无字碑"。树碑立传，自古以来已成惯例，更何况竖立此碑的是中国唯一的女皇帝，按照常理来说自然要好好地歌颂一番，可为什么只留下一块空白的石碑呢？历代学人对于这个问题一直众说纷纭。

有人认为，武则天是一个有自知之明的人，立"无字碑"实属聪明之举，功过是非让后人去评论，这是最好的办法。因为武则天有许多可以被称赞的功绩，能够流芳百世，但同时她统治时期的一些劣政，也经常为人们所诟病。武则天当政期间，延续了贞观以来经济发展的趋势；在处理复杂的政务和国事，管理天下方面，她表现出了不凡的才干；就"纳谏"和"用人"这两点，她勇于冲破豪强垄断的传统，提拔了一大批出生寒门的能人，为唐王朝的进一步发展培养许多人才，得到了许多人的称赞。但是，武则天的消极面也十分突出。她为了巩固个人的地位，任用"酷吏"滥杀无辜，实行恐怖统治，弄得人心惶惶；晚年迷信佛教，大肆崇佛，铺张浪费惊人；在她统治的后期，朝廷政治日趋腐败，形成一批为武则天

武则天无字碑

所纵容支持的新的特权贵族。在还政于唐中宗之后，她知道对自己的一生，人们会有各种各样的评价，碑文写好写坏都是难事，因此决定立"无字碑"，由后人去评价。

还有人说，武则天立"无字碑"是用以夸耀自己，表示功高德大非文字所能表达。首先她是中国历史上唯一的、杰出的女皇帝。其次，武则天从公元655年做皇后开始，到公元705年被迫退位，前后参与和掌握最高权力达50年之久。如果从唐高宗死时算起，也有21年。她在政治上打击豪门世族，抑制了豪门对政治的垄断，并通过发展科举制度擢拔了一大批有才有勇的文臣武将，使得大量人才进入政治舞台，史称"累朝得多士之用"；她奖励农桑、兴修水利，减轻徭役并整顿均田制，使社会经济不断上升，人口稳步增加，为之后的"开元之治"打下了基础；她加强封建国家的边防，改善与少数民族的关系。总之，武则天是一个富有政治才干和理想的人，在她统治期间做过许多符合民众利益的事，稳固和发展了"贞观之治"，对后来唐王朝强盛起到了重要的承前启后的作用。

另一种说法认为，武则天立"无字碑"是因为自知罪孽重大，感到还是不写碑文为好。首先武则天用许多被人视为卑鄙手段的方式打击异己，铲除政敌，从宫外的一个尼姑爬到掌握大权的皇后，最后窃居皇位。其次，培养党羽、建立自己的统治集团，利用种种理由，消灭唐朝宗室皇族。再次，任用酷吏，实行告密和滥刑的恐怖政策。再有，唐初社会经济发展呈马鞍形，而武则天当政时处于最低处。最后，在其当政期间，坐任失去安西四镇，危害了国家边境的安全。正是因为以上的原因，武则天无法为自己立传，而只能以"无字碑"来为后世定基调。

第四种说法认为，武则天觉得死后与唐高宗合葬，以夫妻相称。但是算起来自己也曾经是唐太宗的"才人"，如果按中国古代的人伦关系，自己应该是属于唐高宗母亲的一辈。这样一来称呼自己是皇帝还是皇后，都难落笔。而且如果在墓碑上讲到自己在太宗时代的事迹，实在是难以落笔，索性用"无字碑"更为恰当，是非由后人评说。

最新还有一种说法认为"无字碑"当初立碑时已经拟好了碑文，但因各种原因碑文没有铭刻到墓碑上，而极有可能被埋藏在乾陵地宫里。观察"无字碑"可以发现在墓碑的阳面上布满了细线刻格子，虽经1300多年风雨剥蚀至今仍比较清晰。细线刻格子从上到下84格，从左到右44格，整面贯通。根据碑阳面格子的总数算，该碑文约有3000余字。既然碑文已经写好，格子且已刻成，那么当时又为何一字不刻呢？

研究者认为，武则天在位16年的时间中长期迫害李唐王室。尤其是后来复位的唐中宗李显，虽说是武则天的亲儿子，但当初即位不到一年就被武则天废黜皇位，贬到房州软禁起来，先后十几年的时间内，一直过着提心吊胆的日子。他的长子和女儿都因出言不慎被武则天处死。同时武则天晚年还一直想把皇位传给自己武家的人。经过这一番折磨的中宗，通过政变重登皇位后虽不能公开发泄对母亲的憎恨，但要他为母亲歌功颂德，也实在是不太可能。此时晚景凄凉的武则天可能已经预感到在自己死后，唐朝会对在墓碑上的铭文进行改动，与其生后受辱，不如就不写铭文，让后世去评论。所以提前在石碑上作了文章，在墓碑东、西两侧刻上"升龙图"，表现了自己的尊贵和权威，至于武则天在世时候撰写的碑文，据研究人员推测极有可能同其他珍贵史册图册，被一起埋入乾陵地宫。

壮观的无字碑上虽然没有应该有的碑文，但历经历朝各代，上面已经镌刻了许多文字，不仅内容上自然形成了评价武则天的"碑文"，而且在书法上真、草、隶、篆、行五体皆备。尽管"无字碑"之谜仍然还没有最终解开，但让后人来评价自己，恐怕也符合武则天的本意。

《颜勤礼碑》重见天日之谜

颜筋柳骨，学书法的人都知道。颜真卿的大名更是如雷贯耳。他的力作《颜勤礼碑》是晚年艺术成就的汇合，堪称极品。如此珍贵的文物在宋朝之后竟然神秘失踪，从此无人得见，成了难解之谜。民国时期，《颜勤礼碑》又突然出土，虽然断为两块，但基本完好，这一失与一得究竟是怎么回事呢？《颜勤礼碑》何以会埋没地下数百年呢？

现存西安碑林的《颜勤礼碑》是唐代著名书法家颜真卿在晚年的力作，用笔苍劲有力，气势磅礴，体现了颜真卿成熟的书法艺术。此碑自古便被人们用作练习颜体字的范本之一。但是很多练字的人恐怕不知道，如此著名的《颜勤礼碑》在问世数百年后竟然在宋代突然失踪，埋藏地底长达近900余年，直到民国时才重见天日，这究竟是怎么一回事呢？

凡是学习书法的人都知道颜真卿，他是唐朝最著名的书法家之一，同时也是少数几个影响中国书法史的伟人之一。正是在他的创新之下，中国的书法跳出了南北朝的束缚，摆脱了王羲之父子字体的笼罩，走出了唐代书法家真正属于自己的新意。在这一点上，颜真卿可谓是功不可没的。同时他的人格魅力也是书法家中所少有的，正是这种艺术才能和人格魅力的相结合，使得颜真卿成为后人尊敬推崇的楷模。

这块著名的《颜勤礼碑》正是颜真卿晚年书法艺术成就高度成熟的作品。此碑全称《秘书省著作郎夔州都督府长史上护军颜公神道碑》，是颜真卿为了纪念自己的曾叔祖父颜勤礼所书写的，当年颜真卿已经71岁高龄了。

颜氏家族可以说是名副其实的名门望族。颜氏家族原来祖居山东琅琊，据说他们的先祖正是孔子门下最贤明的弟子颜渊，到了南北朝的末期开始迁居到陕西京兆一带。在颜氏家族中曾经涌现出一大批著名人物，而且个个精通书法。他的远祖颜腾之便是著名的书法家。颜真卿的五代祖颜之推，虽然个人官做得不大，但却是著名的书法家和文学家，为后世留下了一部影响深远的修身立业书——《颜氏家训》，在书中颜之推用精练的语言来告诉子孙后代该如何生活、如何学习、如何处世，是中国封建社会最著名的一部教育类读物。他的曾祖唐朝著名经学家颜师古，熟读经史，注《汉书》，疏经书，成为历史上著名的大儒，训诂学家，同时颜师古也精

颜真卿

通篆书。颜真卿的祖父、父亲和外祖父也都是著名的书法家和画家，可以说深厚的家学为颜真卿的成功打下了扎实的根基。生活在这个家族的颜真卿自然对同为书法家的祖先长辈充满着敬意，而本碑的碑主颜勤礼也是著名的篆书书法家。撰写本碑是已届古稀的颜真卿在对人生回顾之后，结合人生的经历对自己祖先的评价，这块石碑和一年后颜真卿所书的《颜氏家庙碑》有异曲同工之妙。

《颜勤礼碑》碑体立于唐大历十四年（779）。楷书，碑文一通，175厘米×90×22厘米，石碑的四面环刻，现在有三面的字可以辨认。用阳文雕刻的有19行，阴文雕刻的有20行，每行38字。左侧5行，每行37字。其中值得注意的是颜真卿一生写碑很多，都题有它的全部官衔，很长的一段。但只有这块碑只题了"曾孙鲁郡开国公"。细查历史，我们发现这块碑是他丢掉其他官职的时候所写的。

《颜勤礼碑》全面地体现了颜真卿的书法造诣，在布局上显示出了颜体的气势美，整篇文字纵横成列，疏密有致，浑然一体。创造出了一种完全不同于"二王"的字体新境界，不愧是颜真卿晚年的力作。这样一幅名作自然受到人们的追捧，宋朝大文学家欧阳修在自己的《六一集古录》中也提到了《颜勤礼碑》。

但是奇怪的是，自北宋元祐年间《颜勤礼碑》忽然神秘失踪，近千年间不知去向，使得后人无法见其真迹。究其失踪的原因，据笔者揣测，人为的原因占多数，恐怕是宋代的某拓本商人在拓摹《颜勤礼碑》后，为了做到奇货可居、人无我有，于是偷偷地将《颜勤礼碑》埋了起来，使他的拓本成为孤本，从而导致《颜勤礼碑》失传千年之久。

而可幸的是，正因为《颜勤礼碑》被埋地下千年，所以逃过了许多人间的劫难，当被挖出来的时候，基本没有受损。民国十一年（1922），刘镇华任陕西省长时，修葺省长公署，卫队营吏何梦庚在后院土中发现此碑。当把石碑挖掘出来的时候，石碑虽然中断成两段，但上下都完好无损，历历如新，能还原千年未见的颜体书法雄迈遒劲的本来面目。消息传出，当时的人们都以为神物出现，6年后《颜勤礼碑》被移往新城小碑林，到1948年再由

中华历代国宝之谜

小碑林迁至西安碑林，现在《颜勤礼碑》在西安碑林中得到了妥善的保护，让人们在赏鉴颜体书法艺术的同时也不忘《颜勤礼碑》不凡的身世。

玺　印

传国玉玺传授之谜

相传秦始皇刻制了一方传国玺，玉质，由李斯书写，玉工孙寿所刻。秦败，传国玺到了汉高祖手里。王莽建立新王朝，向姑妈皇太后索要"传国玺"，太后把玺扔在地上，说："你们几次三番索要这些'亡国玺'有何用？你们有本事何不自己刻制。"史载其中一枚因此缺了一角，王莽得到后就用黄金做了镶补。后世说的"金镶玉"即指摔缺一角的"传国玺"。新朝亡，"传国玺"入赤眉军手，再入光武帝手。汉朝败亡，故事就多起来了。

刘邦入关中，秦王子婴缴出御玺，向刘邦投降。这套秦朝御玺便在汉朝世代传授，谁当皇帝谁得以执掌御玺，便有了"传国玺"的名称。后来汉朝分裂成三国，后又经历了两晋、十六国、南北朝，当隋文帝杨坚再度统一中国时，从各个政权缴获了好几套"传国玺"。隋亡唐兴，当时有一位学者徐令言就写了《玉玺记》，专门论述"传国玺"真伪和传授问题，可是他越辨越使人迷惑不解。秦始皇真的刻制过传国玺吗？ 子婴交出的御玺有几枚？ 玺印的文字是什么？ 采用什么书体？ 形制尺寸如何？ 隋唐获得的许多"传国玺"中哪一枚或哪一套是真的？ 可是至今尚未发现秦始皇刻制的御玺，"传国玺"仍然是一个千古之谜。

相传秦始皇刻制了一方传国玺，玉质，由李斯书写，玉工孙寿所刻。秦败，传国玺到了汉高祖手里。王莽建立新王朝，向姑妈皇太后索要"传国玺"，太后把玺扔在地上，说："我本想把这些玉玺作为我的随葬品，你们几次三番索要这些'亡国玺'有何用？ 你们有本事何不自己刻制。"史载其中一枚因此缺了一角，王莽得到后就用黄金做了镶补。后世说的"金镶玉"即指摔缺一角的"传国玺"。新朝亡，"传国玺"入赤眉军，再入光武帝。汉朝败亡，故事就多起来了。

一、孙坚以豫州刺史率军讨伐董卓，董卓西逃，焚烧洛阳。孙坚入洛，军队驻扎在城南，有一口"甄官井"，上有五色气，军中将士皆惊奇，不敢取水。孙坚命人入井捞起了汉传国玺，玺文曰："受命于天，既寿永昌。"方四寸，上钮交五龙，上一角缺。系当初汉内宫张让等作乱，劫天子出奔，掌玺官投入井中者。袁术听说孙坚得到传国玺，就扣留孙坚夫人，孙坚只得以传国玺赎之。

二、广陵海西人徐璆曾任汝南太守，又改任东海相，为官颇有政绩。汉献帝迁都于许昌，征召徐璆入许；半途中被袁术劫持，授璆以上公之位。璆不受，袁术就把他软禁在军中。及术败，璆得其"盗国玺"，及还许，上之。时司徒赵温问他："君遭大难，还能保存此物吗？"徐璆巧妙地回答说："苏武当年被困于匈奴而不失节，更何况此方寸之玺呢？"

三、蜀汉太傅许靖、安汉将军糜竺、军师诸葛亮等上书刘备，劝其称帝。书中言：当年关羽围襄樊、襄阳，襄阳男子张嘉、王休献玉玺，玺原在汉水中，辉影烛耀，灵光彻天。"夫汉者，高祖本所起定天下之国号也，大王袭先帝轨迹，亦兴于汉中也。今天子玉玺神光先见，玺出襄阳，汉水之末，明大王承其下流，授与大王以天子之位，瑞命符应，非人力所致。"

四、刘渊于永嘉二年（308）称帝，建元永凤，迁都于平阳（今山西临汾西南），于汾水中得玉玺，文曰"有新保之"，盖王莽时玺也。得玺者增加了"泉海光"三字。刘渊以为正是符合自己名字的祥瑞之物，于是改年号为"河瑞"。

获得传国玺的故事还有许多，直至明清，还有人向皇帝献传国玺。不仅得玺的故事多，而且为编写传国玺的传授谱记始末的文章也多。徐令言的《玉玺记》大概说：秦始皇取蓝田玉刻成御玺，李斯所书小篆，回文排列，文字是"受命于天，既寿永昌"。还有一枚上隐起为盘龙文，文曰"受天之命，皇帝寿昌"，方四寸钮五龙盘。传至晋怀帝，玺没于刘聪，聪死，刘曜得之，又传于石勒、石季龙、冉闵，历东晋、宋、齐、梁，侯景窃位，为景所得，景败，为栖霞寺僧永得之。陈永定三年，僧永死，弟子普智奉献。陈亡，玺传于隋。《晋阳秋》也记载说，晋孝武十九年，雍州刺史郗恢于慕容永处得玺，送到建业。其玺方六寸，厚一寸七分，高四寸六分，蟠龙隐起文字，巧妙与传国玺同，但形制高，又玉色不太好。自晋至梁相传，称为"镇玺"。侯景败，侍中赵思齐挟以渡江，由兖州刺史郭元建获得，送给北齐帝，齐亡入周，周传于隋，隋文帝初也称它为"传国玺"，开皇二年改为"授命玺"。至开皇九年，平江南，得真传国玺，乃改前所得大者名"神玺"。徐令言面对多枚"传国玺"，他又提出了"镇玺"、"授命玺"、"神玺"等名称，显然他不能自圆其说，其实"镇玺"是唐代使用的名称，而"神玺"、"授命玺"乃是北周使用的名称。

传国玺一名最早出现在《汉书·元后传》："汉高祖入咸阳至霸上，王子婴降于轵道，奉上始皇玺。及高祖诛项籍，即天子位，因御其玺，世世传受，号曰汉传国玺。"所指乃是秦王子婴降汉高祖时所献的秦始皇所用玺。汉文帝在诸吕乱刘氏之后以代王的身份即皇帝位，诸大臣奉上皇帝玺绶。汉昭帝殁，无子嗣，霍光、张安世等顾命大臣曾立昌邑王刘贺为皇帝。但刘

碧玉"皇帝奉天之宝"玺

贺入宫后犯有不少错误，其中一条就是不重视皇帝玺绶，随手乱放。于是改立卫太子的孙子（汉武帝的曾孙）为帝，奉上皇帝玺绶。这是明确的两例。因此，王莽建立新王朝时也希望得到汉传国玺，使自己成为真正的皇帝。于是发生了王莽让王舜向汉元皇后索取汉传国玺的事件。王莽败，光武帝得之，一直传至东汉末，确实世世传授。

两汉间世世传授的传国玺究竟是什么呢？其玺文是否确为"受命于天，既寿永昌"或"受天之命，皇帝寿昌"呢？根据东汉人应劭、卫宏、蔡邕等人所著的有关汉朝廷官制礼仪的书籍如《汉官仪》、《汉官旧仪》、《独断》等，都说汉代所用的玺有六方，即皇帝信玺、皇帝之玺、皇帝行玺、天子信玺、天子之玺、天子行玺。汉代皇帝世世传受的玺本来就是这六方实用的、表示皇帝权力的玺印。直到《汉献帝起居注》，还是记载"皇帝六玺"，此外并无什么别的"传国玺"。

晋代虞喜《志林》始把"传国玺"和"皇帝六玺"合在一起而称为"七玺"："传国玺者，乃汉高祖所佩秦皇帝玺，世世传受，号曰传国玺。案：传国玺不在六玺之数，安得总其说乎……汉官传国玺，文曰'受命于天，既寿且康'。'且康'、'永昌'二字为错，未知两家何者为得……吴时无能刻玉，故天子以金为玺。玺虽以金，于文不异。"虞喜为浙江余姚人，其祖由吴入晋为官。虞喜这段文章的意图甚明，为解释当时群臣所疑孙坚于井中得传国玺的事。虞喜意在为孙坚辩护，但这种辩护显得如此苍白乏力，再怎么辩，也不得不承认孙吴的黄金质六玺是自制的事实。

传国玺实际上是符命说与地方势力割据的产物。《汉书·王莽传》记载王莽时的多种祥瑞，汉宗室广饶侯刘京上书声称：有一亭长一夜数梦，说有天公的使者告诉亭长："摄皇帝当为真"，若不信，此亭中当有新井。亭长翌日清晨视察亭中，果有一深百尺的新井。一般地说来，在改朝换代时，或天下大乱时，符命学说更加盛行。魏晋南北朝时期制造的各种符瑞验证的事多如牛毛，有些正史还专列《符瑞志》、《灵征志》等专写符瑞的篇章，符命说达到登峰造极的地步。显然是一些政治野心家别有用心的捏造，都想利用符命说来证明各自获得政权是符合天命的，同时利用它来巩固各自的地位。从传国玺玺文"受命于天，既寿永昌"，"受天之命，皇帝寿昌"来看，显然是一种祥瑞、符命说的产物。明白了这一历史大前提，就不难理解传国玺多为当时得玺者所自制（当然也有传授的）的事实真相。武则天就非常清楚"传国玺"的真相，于是把表示君权神授的玺和皇帝实用的玺统统改刻成"宝"。

传国玺的正确名义应为：其一为秦始皇所刻的皇帝天子六玺，本来是皇帝处理政事的实用玺，也是皇帝权力的象征，由于汉代皇帝世世传授，就被称为"汉传国玺"，也可以简称为"传国玺"；其二，由于汉末军阀割据，三国鼎立形势渐趋明朗，孙坚、刘备之辈也不知道汉传国玺的究竟，于是自制"传国玺"，更捏造出神授符瑞的故事，其后各朝各国纷纷仿效，此类"传国玺"可定义为符命说的传国玺。

不过，要提请读者从七个方面进行思辨。

第一，从书体上看，秦始皇时代不作鸟虫篆，这是众所周知的事实。秦始皇统一文字，采用丞相李斯所创作的小篆书体。我们现在所能见到的秦始皇时期的碑刻、权量文字、诏版文字等，统统是很规范化的小篆，秦始皇怎么能作法犯法，反而在"传国玺"上用鸟虫篆呢？如图所示，"皇帝信玺"可信是秦朝御玺之一，也是规范的小篆书体，甚至可以说与李斯所写小篆如出一辙。可是多种古文献著录的"传国玺"文字都不是小篆，有的是鸟虫篆，有的是缪篆。所谓传国玺用李斯鸟虫篆的说法可不攻自破，而列位得玺的野心家自制传国玺的原形已露。

要想在这些图样中辨认哪一方为秦始皇时所制的"传国玺"，也是徒费心机的。

第二，同一传国玺岂能有不同的文字？以上插图所示传国玺文字有两系，一为"既寿永昌"，一为"皇帝寿昌"，已明显不同。又有"既寿且康"者，《晋阳秋》说有"昊天之命"者，则存四种文字。刘渊得之汾水者曰"有新保之"，刘曜得之于龙门河水者曰"克寿永昌"，兰池赵婴所献为"皇帝玺"。同一传国玺而玺文歧出，得玺者所自作之迹昭然若揭。

第三，同一传国玺岂可尺寸不同？孙坚所得者方4寸，徐璆所得者"方寸"，慕容永所献者方6寸、厚1寸7分、高4寸6分，尺寸大小分明不同。

第四，同一传国玺，其钮制岂能不同？《云麓漫钞》录有一方鸟钮、边刻"魏所受汉传国玺"，其玺文"受天之命，皇帝寿昌"。而其他文献所录传国玺或为螭钮，或为龙钮，钮制明显不合。故赵彦卫辨之曰："此玺乃元魏时为之。"

第五，同一玺岂能质料不同？不仅"玉色不逮"而且南齐皇帝六玺和传国玺"皆金为之"。

第六，传国玺有数方的记录。《隋书·礼仪志六》记载：北齐高氏继承元魏制度，有传国玺一枚；高洋得辛术所献一枚；北周宇文氏有"授命玺"、"神玺"各一枚，隋灭陈又得一枚；是为五枚。宇文氏所得传国玺数不合，故改名。隋文帝显然因为所得传国玺数量不合，故沿用北周名称，不再相信有传国玺一物了。

第七，皇帝六方实用玺也有不合制度者。《南齐书·舆服志》所记七玺皆为黄金质。《隋书·礼仪志六》记北齐高氏所用皇帝三玺"并白玉为之"，天子三玺"并黄金为之"。孙皓投诚，交出的司马氏六玺也为黄金质。可见当时各方政权多自制御玺。

"皇后之玺" 主人之谜

陕西咸阳韩家湾公社狼家沟村，有一个学生在放学回家的路上捡到一块精纯的石头，其父母知道这块刻有图案、文字而且洁白晶莹的白玉并非等闲之物，于是把它上交国家。专业的文物工作者一见，原来是螭虎钮（或称螭龙钮）"皇后之玺"，是难得一见的国宝！此玺发现的地点离汉高祖刘邦的长陵较近，可能就是高后吕雉所有。消息传到北京，发生了"红都女皇"的故事。

1968年9月的某一天，陕西咸阳韩家湾公社狼家沟村有一个学生在放学回家的路上，经过水渠时看见一块方整而白色的东西，觉得美丽好玩，就俯身拾起，随即在水渠里把它洗干净，发现它还刻有花纹和类似于老虎的动物，他就把它藏进书包背回了家。晚饭过后，孩子就向父母请教。孩子的父母是老实本分的农民，虽然不认识这块白玉上刻的文字，但知道这块刻有图案、文字而且洁白晶莹的白玉并非等闲之物，于是全家决定把它上缴国家。

专业的文物工作者一见，原来是"皇后之玺"，螭虎钮（或称螭龙钮），四面刻云纹，2.8厘米见方，高2厘米。这是难得一见的国宝！于是上交至省文物管理部门。由于此玺发现的地点离汉高祖刘邦的长陵较近，可能就是高后吕雉所用之玺。消息不胫而走，传到了北京。当时正在做"红都女皇"美梦的江青喜出望外，认为天降祥瑞宝符，恨不得马上得到它，以备在登基时向世人昭示：自己当女皇是天意。江青下令要把"皇后之玺"调至北京，可是国家的文物政策规定，它应该归属陕西省（现藏陕西省历史博物馆），即使调往北京，也应该珍藏在中国国家文物部门，如中国历史博物馆、国家博物馆之类，而不应该归个人所拥有。江青想当女皇，其结果只能是一枕黄粱梦。

皇后的身份等同于皇帝，故皇帝的御玺为玉石，螭龙钮，方一寸二分，印文称"玺"。及皇后升为太后，则由新登基的皇帝为母后刻制"太后之玺"，制度同"皇后之玺"。所见史书记载的太后玺印为秦王政为其母赵姬所制。嫪毐同赵姬淫乱，他深知此事一旦暴露，绝对没有好下场，于是利用秦王政对他一时的信任、太后对他的宠爱，企图篡权。《史记·秦始皇本纪》说：嫪毐"矫王御玺及太后玺，以发县座及卫座、官骑、戎翟君公、舍人，将欲攻蕲年宫为乱"。结果嫪毐失败，被车裂以徇，尽灭其族。此事发生在秦王政九年（公元前238）。其时秦国国王

金交龙钮"皇后之宝"

有玺，太后也有玺，由此可见，皇后也应该有玺印的。可惜史书未说明太后的玺印是什么样的。不过，根据《汉官旧仪》和《独断》等东汉文献的记载，皇后所用玺印的质地、文字、钮制、尺寸等等同于皇帝的御玺。及"皇后之玺"的获得，不仅证实了史书的记载是正确的，而且对于了解已经失传的秦汉皇帝的御玺也有借鉴作用。

然而，本来被当作殉葬品的"皇后之玺"理应在坟墓中，怎么会被一个孩子轻而易举地拾得呢？有的学者认为：在西汉末年爆发了绿林、赤眉军的农民起义。赤眉军在攻打长安时，曾经焚烧帝陵的附设建筑物，盗掘诸帝陵，长陵亦不能幸免于难，估计此玺于其时出土，遗落其地。这个解释虽然存在一定的道理，但是为什么在遗落其地后会经过1970余年才为一个孩子拾得呢？是否在近现代仍有盗墓贼对西汉的帝陵进行过盗掘而遗落的呢？再说，皇后的玺印一定会被当作殉葬品的吗？这些疑惑是难以解释的。

而最重大的疑惑是此玺是为哪位皇后所制？或者说它刻制于什么时代？有不少学者认为"皇后之玺"发现于长陵附近，吕后和刘邦同葬一墓，此玺当从长陵中所出，所以是刘邦为其妻吕后刻制的；再说其书写和印面设计的风格与同时代的"淮阳王玺"一致，淮阳王为刘邦之子刘友，传世的玉质"淮阳王玺"当为刘友受封时所制。有"淮阳王玺"作佐证，"皇后之玺"为吕后所拥有似乎没有什么问题。可是有的学者认为：在长陵附近获得未必就是吕后的玺印，它可能是从别处带来的；刘邦初定天下，各种事务都在草创阶段，不可能刻制如此精良美好的玺印；从汉武帝前后所刻制玺印来看，其风格同"皇后之玺"、"淮阳王玺"也高度一致。鉴于这三个理由，"皇后之玺"应为汉武帝时所制，甚至于其制作的时代有可能更晚。

笔者要提请读者思考，要明了此玺制作时代，或者说它属于哪位皇后的疑问，还可以从另外三个方面进行思考：其一，刘邦的军队进入关中后并没有滥杀无辜，完全有可能任用秦始皇时的技艺高超的刻玉工匠，故能刻制像"皇后之玺"那样精美的玉玺；其二，吕后的玺印是否作为殉葬品也还是疑问，因为秦始皇的六枚御玺尚在汉代的各代皇帝传承并使用，"皇后之玺"就一定要为每个皇后刻制一枚吗？皇后的玺印就不能传承吗？其三，如果说这枚"皇后之玺"刻制于汉武帝时代，众所周知，武帝有卫夫人、李夫人等好几位皇后，那么汉武帝又是为哪位皇后刻制的呢？

"滇王之印"颁赐之谜

云南晋宁县石寨山6号汉墓出土了一枚黄金印，蛇钮，印文为"滇王之印"。同为诸侯王的玺印，为什么有的称"玺"，如"淮阳王玺"、"广陵王玺"，而滇王的玺印却称"印"？有的是玉质的，有的却是黄金的？有的是骆驼钮，滇王印却为蛇钮？有学者认为，"滇王之印"是滇王自刻的，也有学者认为是汉武帝颁赐的。

1955年在云南晋宁县石寨山6号汉墓中出土了一枚黄金印，2.4厘米见方，印身高0.7厘米，钮高1.3厘米，通高2厘米，重90克。蛇钮，蛇头高昂，蛇背刻有鳞纹。印文为"滇王之印"。小小的黄金印，可也是一件珍宝。同为诸侯的玺印，为什么有的称"玺"，如"淮阳王玺"、"广陵王玺"，而滇王的玺印却称"印"？因此有的学者认为"滇王之印"是滇王自刻的，有的学者认为是汉武帝颁赐的。于是产生了"滇王之印"的谜。

提起"滇"，人们都知道昆明湖也称滇湖，云南省也因滇湖而简称滇。而滇在历史上还发生过一个同西汉文学家司马相如有关的故事。汉武帝曾派将军唐蒙出使西南地区，去处理西南夷的各种事务，了解那里的情况，以便把西南地区纳入汉朝的版图。当时把生活在西南地区的少数民族称为"夷"。可是作为武将的唐蒙却一味地采取军事行为，强迫当地的人民缴纳粮食和西南地区的物产，强令人们把那些物产运到长安。这种劳民伤财的事使那里的人民怨声载道，有的部落首领提出抗议，唐蒙就把那些首领斩首示众。唐蒙将军的这些行为激化了汉朝同西南地区各民族的矛盾。汉武帝十分生气，很想让那里的人民知道，唐蒙的做法并非汉武帝的本意。于是决定挑选一位善于辞令，又熟悉西南地区情况的官员去宣告汉武帝的旨意。当时的大文学家司马相如堪当此任。

出生于蜀地的司马相如当然熟悉西南的情况，虽然有些口吃，但宣读文告是没有问题的，再加上他善于辞赋文章，思维敏捷，足以调解那里的矛盾。于是司马相如接受了武帝的任命，代表朝廷出使西南地区。相如写了一篇檄文，在巴蜀各地宣读、张贴，收到了良好的效果。这篇檄文不是战书，而是一篇通告文书：首先宣扬了汉朝的王威；接着解释了汉武帝通西南的本意，而唐将军的做法"皆非陛下之意也"；最后劝告西南各族首领要接受汉朝的封土授爵，"故有剖符之封，析圭而爵，位为通侯，居列东第，终则遗显号于后世，传土地于子孙，事行甚忠敬，居位甚至安佚，名声施于无穷，功烈著而不灭"。这篇檄文成了名作。司马相如在出使西南成功后，又建议武帝暂缓修建通向滇地的道路，以避免在短期内动用过分多的劳力和财力。武帝采纳了他的意见。

司马相如出使西南的成功，不仅为以后西汉朝廷征服西南夷打下了基础，而且也改善了他同岳父母的关系。众所周知，卓王孙因其爱女文君私奔而痛恨相如，断绝了同女儿女婿的来往。现在卓王孙见女婿出息了，女儿有了依靠，为女儿长久的幸福计，卓王孙就分给文君很多财产，同她的兄弟们相等。本来相如同文君的婚姻属于封建社会少有的自由恋爱的结果，可是伤了同长辈的感情。现在怡然冰释，岂不是同西南夷有一定的关系。

在一段时间内，司马相如数次从巴蜀向南出使，又适时建议武帝修建通往滇地的道路。公元前109年，汉武帝发兵攻打西南夷，在征服了几个部落后兵临滇地。识时务的滇王采取不抵抗政策。汉武帝也早已了解到滇王是个善良的人，也就不用武力强攻。年迈多病的滇王不久就去世了，滇地的人民都愿意归顺汉朝。武帝在确立了新的滇王后，"赐滇王王印，复长其民"，让滇王继续统治滇地的民众。接着连所有的西南民族都归顺了汉朝。在诸多西南夷之中，滇地最小，民众最少，可是武帝最宠信的却是滇王，因此向他颁发了象征权力的玺印。

现在我们回到有关晋宁县出土的"滇王之印"的迷惑上来。晋宁古属滇地，按理说在滇地的汉墓中出土的"滇王之印"，再加上《汉书·西南夷传》的记载，"滇王之印"为西汉朝廷所颁赐，是没有什么疑义的，因此大多数学者认为"滇王之印"就是汉武帝所赐之印。可是问题就出在它有些不合汉代官印制度的地方。东汉应劭所写专记汉代职官的著作《汉官仪》说："诸侯王，黄金玺，橐驼钮，文曰玺，刻云'某王之玺'。列侯，黄金印，龟钮，文曰印，刻云'某侯之印'。"因此也有的学者根据这一明确的记载提出怀疑，认为是滇王自己铸造的，理由是：其一，滇王既然是汉朝所封的诸侯王，其所用玺印若为汉武帝所赐，当为"滇王之玺"，即应该称"玺"而不称"印"，而所出土的"滇王之印"称"王"又称"印"；其二，诸侯王玺应该是橐驼钮，而不应该是蛇钮；其三，汉武帝时期所制官印的质量都很高，印面文字规整，笔画粗细一致，而"滇王之印"的文字书写稚嫩，刻工粗劣。这三个理由也足以说明"滇王之印"并非汉武帝所颁了。

以上三个理由看似充分，不过，读者还可以考虑到以下三个方面的例外：①虽然《汉官仪》对官印制度有明确的记载，是否可以发生例外，比如滇王的地位在诸侯王与列侯之间，故其名号为王，其官印文字则称"印"；②如果存在这一例外，也就容易理解其印钮为蛇钮的疑问了，可以因为其地多蛇，其俗信蛇，故其印钮为蛇；③即使"滇王之印"为武帝所赐，是否存在其印并非朝廷的制印官所制，而由临近滇地的益州郡或黔中郡的制印官代制的可能？故其书法稚嫩，刻工不甚精良。可是这三个例外能否得到有关资料的证实呢？那只有等待进一步的考证。

"滇王之印"金印

日本出土金印之谜

18世纪，日本九州筑前国粕屋郡志贺岛出土了一枚黄金印，印文为"汉委奴国王"，委即倭，蛇形印钮。如果此印是真实可靠的文物，那么它是汉朝同倭奴国关系的见证。可是日本学者曾一度因为此印中没有"印"字或"玺"字，不符合汉朝诸侯王玺印制度而怀疑它为伪物。虽有日本学者小林斗盦撰写《汉代官印私见》，指出"汉委奴国王"印的可靠性，可是日本学术界至今仍存在不同的意见。

1784年，在日本九州筑前国粕屋郡志贺岛出土了一枚黄金印，其地在今日本的福冈县志贺町。这枚金印2.4厘米见方，印文为"汉委奴国王"，委即倭，蛇形印钮。《后汉书·东夷列传·倭》有汉光武帝接见倭奴国使者并颁发玺印和绶带的记载，又有实物的出土，已经符合"两重证据"的要求，按理不应该有什么迷惑。可是日本学者曾一度因为此印中没有"印"字或"玺"字，不符合汉朝诸侯王玺印的制度，而怀疑它为伪物。过了170余年后，始有日本学者小林斗盦撰写《汉代官印私见》，指出"汉委奴国王"印的可靠性。如果此印是真实可靠的文物，那么它是汉朝同倭奴国关系的见证。可是日本学术界至今仍存在两种不同的意见。

在汉朝的三韩国的东南、到会稽郡东冶之东的大海中，有被汉朝廷称为倭奴的百余个小岛国。汉代的会稽郡辖境辽阔，相当于现今长江以南的江苏、浙江全省（除天目山以西的小部分）和福建全省，治所在吴，就是现在的苏州。东冶即今之福州市。百余个岛国的首领多数称王，实行世袭制，其中的大倭王居住在邪马台。

那些岛国的土地适宜种水稻、苎麻、桑树等作物，有些国家气候暖热，一年四季都生长蔬菜和各种鲜果。居民确实掌握了养蚕和纺织技术，可是缝制技术极一般，男人的衣服几乎就是用一块布横着裹住身体；女人的衣服就像用一条被单从头裹穿；男女老少都不穿鞋袜，光着脚。因为女人的数量远远超过男人，实行的是一夫多妻制。女子用丹朱粉涂抹身体，不淫乱，也不妒忌。饮食器有陶器，但用手抓着吃。没有凳椅，都是蹲坐或跪坐，而以蹲坐为恭敬。人去世后，需停尸殡仪十余日，家人哭泣，不进酒食，而与死者的同辈人可举行歌舞取乐。习俗和法律都很严厉，若有人犯法，轻则没收妻子儿女，重则满门抄斩。那些岛国都没有野兽，也是一种奇怪的现象。

汉委奴国王金印

由于是岛国，交通主要靠海上航行，因此造船和航海技术都比较熟练。不过，在航海的过程中难免会遇到风浪、触礁、漩涡而造成危难，久而久之便形成了一种奇怪的习俗。在每次出海前由出海的人员选取一个人，此人不准沐浴，不准吃肉，不准和女人同居，被称为"持衰"。出航时就带着"持衰"，如果行程吉利，就由出海人员送财物给他；若途中有人生病或遇到其他凶险，就认为"持衰"的行为不谨慎而把他杀了。岛国倭人的风情真是独特。

在东汉的桓帝和灵帝之际，因为大倭王的去世，而且断绝了继承人，一时间缺乏了有权威的统治者，大小倭奴岛国的首领都想乘机争夺大倭王的地位，互相攻打，一片混战，历年无主。此时有一个能施行妖魔法术、装神弄鬼的年长处女卑弥呼的大名传遍了大小各岛。不少倭奴国王被她的妖术所迷惑，共同推举她为倭奴女王。神秘的女王卑弥呼为了能进一步迷惑人，就深居简出，都城、宫殿和所有的居处都派兵守卫，一概不让人进出；还选用千余个女子作婢女，可是这千余个婢女也很少有人能一见卑弥呼的真容，因为她的饮食起居仅由一个男子照料，连大小国事、私事的处理意见都由这个男侍转告与传达。卑弥呼就是想用这种神秘的方式来维护自己的统治。但当时就有拘奴国、黑齿国等国不接受卑弥呼的统治，时间一长，也就没有多少人相信她的妖术了。

提起海外的岛国，人们都会想起秦始皇派徐市（音福，也写作福）去海外寻求长生不死之丹的事。徐市带了数千个童男童女一去不复返，据说是到了东瀛，即现在的日本。汉武帝大规模地开疆拓土，征服朝鲜，使之归入西汉的版图；又派船队出海，同诸多倭奴国交往，有三十余国同西汉朝廷通使。

东汉光武帝建武中元二年（57），倭奴王派使者进贡，愿意称大夫。光武帝接见了使者，并颁发了象征汉朝诸侯王权力的印章和绶带。安帝永初元年（107），倭奴国王帅升亲率使团，朝见安帝，并献生口160人，作为供东汉朝廷使唤的奴仆。这些史迹反映了汉朝同倭奴国的关系。可是问题也正出在这里，《后汉书·东夷列传·倭》并没有完整、准确地记录所颁玺印的尺寸大小、印钮形制及玺印的文字，由是便产生了一些疑问。

汉朝诸侯王玺印的一般制度应该是：方寸，黄金质，龟钮，玺印文字应该称玺，如"淮阳王玺"、"广陵王玺"等，同时配以紫色绶带；如果享受与刘姓诸侯王同等待遇的其他民族首领也得黄金玺，骆驼钮。可是"汉委奴国王"玺印文字中没有"玺"字，又为蛇形钮，存在不合制度的情况。事有凑巧，1980年在江苏邗江县甘泉公社甘泉2号汉墓附近出土了"广陵王玺"一枚，黄金质，龟钮，2.3厘米见方，通高2.1厘米。"广陵王玺"与"汉倭奴国王"印的形制略同，而印文书写和刻制的风格如出一人之手，于是成了"汉倭奴国王"印确为汉光武帝所颁的、真实无辨的出土文物的有力佐证。两印遂有"姐妹金印"之称。可是，即使两印的书法风格一致，那么，怎么解释钮制不同的问题呢？虽然在云南省晋宁县的汉墓中已有"滇王之印"的金印出土，也是蛇钮，但是"滇王之印"本身也存在着是滇自制还是朝廷颁发的疑问，能否作为"汉委奴国王"玺确为光武帝所颁的佐证呢？这仍然是一个说不清的问题。

"二十五宝"隐意之谜

清朝的前身是建州女真人建立的后金政权，后来改为大清国。后金和大清国已经刻制过象征权力的御宝，字体为满文篆书，定都北京后又增刻了一些。由于提倡满汉一体，有的御宝采用左清篆右汉篆的设计。御宝的质地有玉质、金质、楠檀香木，钮有交龙、盘龙、蹲龙。及乾隆皇帝即位，亲定宝谱，定清朝御宝为"二十五"。

有关传国玺的传授之谜实际上已经被唐朝的皇帝识破，英明的唐太宗李世民自刻了一枚"皇帝景命，有德者昌"的玺印，也是对从隋朝缴获的好几枚"传国玺"以及数套皇帝天子实用玺印的真伪问题作出了回答：不要相信符命的鬼话。女皇帝武则天做得更彻底，嫌"玺"的读音同"死"，干脆把皇帝天子的"之玺"、"行玺"、"信玺"统统改刻成"宝"。除了"皇帝之宝"、"天子之宝"、"皇帝行宝"、"天子行宝"、"皇帝信宝"、"天子信宝"六宝以外，还增刻了"神宝"和"受命宝"，并规定了"八宝"的用处。宋朝皇帝除了沿用唐朝的御宝制度外，得到美玉时还会刻制一些宝，如"皇帝恭膺天命之宝"、"御书之宝"、"宣和御笔之宝"等，皇帝天子用宝印的数量有所增加。清朝乾隆皇帝亲自决定《交泰殿宝谱》，规定"二十五宝"藏于故宫的正殿交泰殿，并供日常使用。乾隆皇帝为什么要把御宝定为"二十五"，有什么隐秘的含义呢？

清朝的前身是建州女真人建立的后金政权，后来改为大清国。后金和大清国已经刻制过象征权力的御宝，字体为满文篆书，定都北京后又增刻了一些，由于提倡满汉一体，有的御宝采用左清篆右汉篆的印面设计。御宝的质地有玉质、金质、楠檀香木，钮制有交龙、盘龙、蹲龙。及乾隆皇帝即位，他发现雍正帝所编修的《大清会典》皇帝所用的御宝有29枚，可是交泰殿所藏的御宝却有39枚之多，有些御宝的文字是重复的。究竟哪些宝是符合先帝制度的呢？在询问了前朝的资深重臣后也没有肯定的答复，于是乾隆皇帝在公元1746年亲定宝谱，著成《交泰殿宝谱》，以《周易·系辞》所说的"天数二十有五"为依据，定清朝御宝为"二十五"。1748年乾隆下令由刻玉工改刻御宝，规定御宝的文字为左清篆右汉篆，有"皇帝之宝"、"大清嗣天子之宝"、"皇帝奉天之宝"、"大清受命之宝"四枚未改刻，仍为清篆，因为是皇太极时所刻，故不改。为便于读者了解，兹将二十五宝列表于后。

表中的计量单位为当时的寸。二十五宝的形制巨大，如最大"广运之宝"有19.6厘米见方，最小的"皇帝尊亲之宝"也有6.8厘米见方。

行文至此，似乎乾隆亲定二十五宝已经清楚，无谜可言。可是乾隆驾崩

中华历代国宝之谜

后，人们在清理遗物时发现了他所写的另一篇文章《匣衍记》，这是他当了太上皇以后的晚年作品。文章说是"密用姬周故事"。这是什么意思？同姬姓的周代有关，又同"二十五"之数有关的，唯有周平王东迁，东周的历史上有25个王，相沿500多年。即使乾隆皇帝所云"密用姬周故事"真的就是指东周二十五王，可是东周的历史并不辉煌，

墨玉"广运之宝"玺

而是日趋衰微最终败亡的历史。难道他已经看到了清王朝衰微的迹象？他为什么不像秦始皇那样希望子孙能够传万世而不灭呢？难道80岁高龄的乾隆已经看透了历史？历史上没有一个王朝能够传万世而不灭的，清王朝也不能例外。再说，乾隆是希望在自己以后再传20代皇帝呢，还是指清朝总共有25个皇帝？总之，被他所说的"密用姬周故事"语，把本来可以清楚的事给搞糊涂了。

对了，清朝用二十五宝的最简单的理由还可以找到一个，即明朝皇帝就是用25个宝的。洪武皇帝刻制了17枚，建文帝刻制一枚，明成祖朱棣又增刻了7枚，正是二十五宝。当然，虽然清朝的二十五宝文字绝大多数与明朝宝相同，有的只是将"明"改成"清"，但是清朝皇帝是不会承认继承明朝宝制的。

珍妃金印归属之谜

北京故宫博物院的珍宝馆内陈列着一枚黄金印，印文为朱文"珍妃之印"，左清篆右汉篆，字体匀称秀丽。龟钮，但头尾似龙。这是比较标准的清宫贵妃等级的金印。清朝有两个珍妃，一个是道光皇帝的珍妃赫舍里氏，一个是光绪帝的珍妃他他拉氏。"珍妃之印"究竟是哪一位所拥有？

北京故宫博物院的珍宝馆内陈列着一枚黄金印，印身11厘米见方，高3.4厘米，净重13斤6两，印文为朱文"珍妃之印"，左清篆右汉篆，汉文玉筯篆横平竖直，字体匀称秀丽。龟钮，但头尾似龙。这是比较标准的清宫贵妃等级的金印。清朝封了许多贵妃，可是她们的金印在何处？不能让人们一睹真容，唯独这一枚"珍妃之印"是清宫留存至今的贵妃金印，因此它显得特别珍贵，以至于在1980年5月的一天被盗，幸亏及时发现，及时侦破，及时抓获盗贼，才使这一件国宝仍旧能够在故宫内展出。由于光绪帝的珍妃因不少影视剧和书籍的演绎而名声很大，人们见到"珍妃之印"就以为是光绪帝的珍妃他他拉氏所拥有的金印。可是清朝有两个珍妃，另一个是道光皇帝的珍妃赫舍里氏。"珍妃之印"究竟是哪一位珍妃所拥有？就成了一个难解之谜。根

金龟钮珍妃之印

据清朝制度，封妃固应受宝印，但宫中制作宝印的制度曾有过变革。要辨明"珍妃之印"的真相，先得从"懿贵妃"铸印一事说起。

慈禧姓叶赫那拉，咸丰二年入宫时，封号为"兰贵人"，后来升为懿嫔，复晋为懿妃。咸丰七年，又晋封为懿贵妃。按宫中制度，本当授以金宝、金册。可是，在铸印时，正值宫中制度改革，尽管是堂堂的一位"贵妃"，也不能铸金印，只好铸一方镀金的银印。咸丰帝下了谕旨："凡皇贵妃、贵妃、妃之册封时，其宝、册，均改用银镀金。"之后，时过三年，正值咸丰帝宠妃叶赫那拉氏由懿妃晋封为懿贵妃，只得遵旨行事，铸造了镀金银印。再过三十余年，他他拉氏晋封为珍妃，光绪皇帝怎敢僭越规制，为珍妃打造金印呢？故而他他拉氏珍妃只能铸造一颗镀金银印。

北京故宫珍宝馆展出的"珍妃之印"确系金印。既然是金印，应该铸造于妃子金印改制之前，不可能是光绪宠妃他他拉氏之印。那么它属于何人的呢？原来在清宫的后妃中还另外有一位"珍妃"。清朝皇帝册封的后妃，多在满洲、蒙古、汉军旗的女子中挑选秀女，入宫后的名号，由皇帝赐给，先是由大臣们草拟一些美妙的字，呈给皇上看。由皇上圈阅，挑选中意的"字"，作为某妃嫔的封号，其中也有些是按姓氏称呼的，所以清朝同代或不同代的后妃中出现过名称相同的现象，如：雍正皇帝时出现过两个张格格；乾隆皇帝有顺贵人，道光帝也有顺贵人；乾隆帝有容嫔（容妃），咸丰帝也有容嫔；顺治帝有贞妃，咸丰帝也有贞妃（即慈安）；光绪帝有珍妃，而道光帝也有珍妃。由此想来，"珍妃之印"与道光帝珍妃或许有些联系。

道光帝的珍妃，镶蓝旗，满洲，赫舍里氏。广东按察司按察使容海之女，母伊尔根觉罗氏。进宫时19岁，初封珍贵人，赏为珍嫔。后来封为珍妃，并且确实打造了金册、金印。北京故宫珍宝馆陈列的"珍妃之印"既为金印，则此印应为道光帝赫舍里氏珍妃之印。但令人困惑的是，珍宝馆陈列的"珍妃之印"与档案中所载道光珍妃之印的重量并不相符，故珍妃之印是光绪他他拉氏之印，还是道光赫舍里氏珍妃之印，仍是一个疑点。

"珍妃之印"的谜，在第一历史档案馆中找到了一个答案。光绪帝他他拉氏珍嫔，在光绪二十年正月，因逢慈禧六十寿辰之年，封为珍妃，礼部在四月二十五日给内务府呈文时，提到了为瑾妃、瑾妃、珍妃铸三颗"镀金银印"。因此，故宫博物院珍宝馆内陈列的"珍妃之印"，当为光绪他他拉氏珍妃之印，这颗印是"镀金银印"而不是纯金印也是毫无疑问的。

光绪帝的珍妃姓他他拉氏，满洲镶红旗人，礼部侍郎长叙的女儿，性贤德，有才貌。少时拜翰林院编修文廷式为师，通文史。1888年与姐姐同时应选入宫，姐姐封瑾嫔，后晋封为瑾妃；她封珍嫔，后封为珍妃。初入宫时西太后对她俩尚不错，珍妃喜欢书画，西太后派内廷供奉缪嘉惠教以书法和国画，她才思敏捷，书画大有长进，尤擅长于画梅和篆书。

光绪帝由于同皇后关系不好，而珍妃的思想、爱好与他很接近，很快得到光绪帝的宠爱，两人的关系可以说是情投意合。珍妃喜欢拍照，穿男装，西太后认为太轻浮，皇后乘机进谗言。有一次，她通过太监把一只男人的鞋子放入景仁宫，妄图诬陷珍妃有奸情；珍妃有一件衣料与经常入宫演戏的名伶的衣料相同，皇后也从中诬陷，使珍妃受廷杖。由于皇后搬弄是非，珍妃与西太后的关系日渐恶化。

1898年珍妃支持维新派，力促光绪帝变法维新。西太后对她更恨之入骨，发动政变，再次垂帘听政，捕杀维新党，把光绪帝囚禁于瀛台，把珍妃幽禁于皇宫景祺阁的冷宫中。1900年八国联军入侵北京，西太后挟光绪帝准备西逃，要把珍妃同时带去。珍妃表示说："国难当头，我不走，皇上也不应该离开京师。"西太后恶狠狠地说："你死在眼前，还胡说什么！"令太监把珍妃推下院内一口八角琉璃井中。光绪帝下跪求情，西太后骂光绪帝受她狐媚，强令太监执行。

在了解了两位珍妃后，我们也同时理解了清宫后妃的宝印制度。诚如琪琪格在《清宫秘闻》中所陈：道光珍妃才有可能是"珍妃之印"的拥有者，以制度论，确实如此。可是琪琪格却忽略了另一种制度，即后妃的丧葬制度。清帝拥有不少后妃，在咸丰改革后妃宝印制度前，应该铸造过不少黄金质地的宝印，可是那些后妃的黄金宝印到哪里去了呢？其实都进了她们的坟墓。道光珍妃属正常死亡，她拥有的"珍妃之印"理应随葬。光绪珍妃的宝印虽然应该是镀金银印，可是对于光绪帝来说，遵咸丰帝之制是遵制，遵前朝祖宗之制，更是遵祖宗家法，他下旨要为喜爱的珍妃制黄金宝印，也无可厚非。虽说碍于慈禧，可光绪帝并不是一味言听计从的人，宫中也有拥帝的势力。因此故宫博物院的专家们认为所陈列的"珍妃之印"应属光绪珍妃。

可是任何制度都有例外，珍妃之印属于哪一位珍妃，还是一个聚讼难决的谜。

书　　画

《平复帖》作者之谜

《平复帖》是我国古代最早的书隶手迹，如此有名的一幅作品，究竟是出自何人之手？从古人对《平复帖》的题词看，曾被认定是陆机的手迹。可是另有一种观点认为，《平复帖》是托名之作，不过是借用了陆机的名字。更有人认为帖的内容和陆机所处的时代不符合，而且在流传过程中有一段时间不知所踪，所以不宜过早下定论。

陆机（261—303）是西晋大文学家、书法家，字士衡，吴郡（今江苏苏州）人。他出身于名门，祖父是吴的丞相，父亲是吴的大司马，"世皆奕奕，为当代显人"。曾经做官到平原内史，人们为了尊重他，故称"陆平原"。他才华横溢，于当时以文学闻名。同时代人张华有"人之为文恨才少，而机患其多，至有见文而自欲弃其所学"的感叹。他擅长书法，尤其是章草。但同他的文学成就相比，书法成就略为逊色。《平复帖》传为陆机所书，是他听说好友患病，慰问病情，遥祝病体康复的一封信札，整幅帖长不足一尺，纸本，无款，共九行八十四字，字形朴质，介乎章草、今草之间，是我国古代法书墨迹出自名家之手最早的字帖，比王羲之的手迹还早了六七十年，于宫廷民间流传了一千七百多个春秋，历代奉为至宝。卷前有宋徽宗亲书标题"晋陆机平复帖"，并钤有双龙圆玺，前后钤"宣和"、"政和"印玺及多位鉴藏家藏印。信札卷后有董其昌、溥伟、傅增湘的跋文，上面有自唐、宋、明、清不同朝代流传有序的鉴藏印几十方，朱印累累，满卷生辉，被天下视为"墨皇"。现藏北京故宫博物馆。书法家启功是第一个将它全文释读出来的人。《平复帖》一直以来都认为是陆机所写，但近年来有的学者对此帖提出质疑，认为是陆机同时代的其他人所作，只不过是借了他的名。于是产生了《平复帖》作者之谜。

《平复帖》最早由北宋宫廷收藏，元以来流传足迹不可考，清初归梁蕉林侍郎家、安仪周递藏，后进入内府，归乾隆皇帝的母亲圣宪皇后所有。后来乾隆皇帝又把它赐给成亲王永瑆，同治、道光年间转入恭亲王府，民国时转到了恭亲王后代溥儒手里。溥儒，字心畲，恭王府的袭爵将军，近代著名书画家、收藏家，与张大千齐名，近人有"南张北溥"的称法。溥儒虽说是皇子皇孙，但家道已经中落，可是身上八旗子弟的习气仍然不改，坐吃山空，手头也逐步开始拮据起来。日军占领北京后，千方百计想掠去中华文明的传宝。在时局动乱的情况下，溥儒感到祖传的宝贝留在家中不安全，加之又急需用钱，就想把宝贝变卖。当时有一姓叶的上海古董商，看中了溥儒手中的《照夜白图》（"照夜白"是唐玄宗所宠爱的御马，为唐代韩幹所画，是我国的传世之宝），从他那购得后又将其转卖给外国人。"照夜白"从此流落海外。

当时的收藏家张伯驹得知《照夜白图》流入洋人之手后痛心疾首，便呼吁国民政府出资收购流入民间的文物，但遭到政府的拒绝。他担心《平复帖》也将流失，心神不安。溥儒素与琉璃厂悦古斋古玩商韩博文交好，张伯驹听说后，便通过韩博文向溥儒转达，要求把《平复帖》转让给他。溥儒要价20万大洋，张伯驹无力出资，却并未善罢甘休。第二年他又通过张大千向溥儒传递心声，溥儒仍坚持非原价不让。直到抗日战争爆发那年的春节，溥儒的母亲突然病故，急需钱用，作为孝子的溥儒只好卖《平复帖》来换钱以安葬母亲，降价到4万元。虽然溥儒的要价比较低，但是张伯驹为收购流入社会的古

平复帖

代书画，已是囊中羞涩，只好四处筹钱。张夫人潘素为让丈夫藏宝于室，变卖了自己的首饰，勉强凑够了4万元，终于如愿以偿！张伯驹得到《平复帖》后，曾遭到日本人雇佣的白姓中国古董商登门索购，遭到拒绝。后来张伯驹又被汉奸汪精卫手下师长丁雪山绑架，面对"撕票"的威胁，他也没有把帖拿出来。1956年张伯驹将《平复帖》与其他几件珍贵文物一起无偿捐献给了国家。

　　《平复帖》虽然被大家公认为晋陆机的手迹，但也存在不少有疑点的地方：《平复帖》本来无款，不知是何人所作，到宋时宋徽宗才开始题为陆机所作。陆机没有其他的真迹传世，在没有比较互证的前提下，我们怎么可以断定是晋陆机所作？还有的人把帖的内容和陆机所处的时代历史背景进行了比较，发现两者存在出入的地方。如果真是陆机所书，帖的内容应该和他所处时代的历史背景相吻合，为什么会出现不相符？对于这样的情况，应该如何作合理的解释？最大的疑点是此帖流经乾隆皇帝手里时，他既没在此帖上题跋也没有内府诸玺，《三希堂法帖》中也没有录入。乾隆皇帝喜欢在一些名画和名帖上题跋是众所周知的。特别是他叫臣下选择内府收藏的一部分历代名家书法作品编成的《三希堂法帖》里面竟然没有《平复帖》，实在令人费解。《平复帖》如果是陆机所作，年代比王羲之的《快雪时晴帖》还要早，并且名气上也不逊色，为什么《三希堂法帖》里却看不到，是出于什么原因？《平复帖》从元到清前这一段时间里流传足迹不明，乾隆皇帝拿到手时是否发现了什么问题？基于上面这些疑问，有的学者认为《平复帖》不是陆机所作，而是出于同时代他人之手。但这些都是猜测，没有足够的证据，《平复帖》到底是陆机所作，还是他人笔墨，这仍是一个难解的谜。

《兰亭集序》下落之谜

　　王羲之是我国著名的书法家，有"书圣"之誉，他的字自然是千金难求。《兰亭集序》是王羲之书法的代表作之一。唐太宗对王羲之作品的喜爱达到了痴迷的程度，会不会把《兰亭集序》带进昭陵？如果是这样的话，后来有人盗掘昭陵时，是否把它偷走或者毁坏？也有人说，《兰亭集序》没有被唐太宗带走，而是被武则天得到了，且就枕在乾陵中武则天的脑袋下边，或许会有重见天日的时候。

　　东晋永和九年(353)三月初三，正值"禊节"这天，王羲之邀集谢安、孙绰、郗昙、支遁等41位士族名流到兰亭过禊节，饮酒赋诗。那天共得佳作三十余篇，合编为一集，王羲之用鼠须笔、蚕茧纸为该集书写了序，即有名的《兰亭集序》。当时此文并无题目，故后世标题亦不一致，有称作《兰亭序》

者，亦有叫作《临河集》、《兰亭宴集》、《禊序》或《禊帖》者，等等。全帖共28行，324字。这帖是王羲之信手写来，字体潇洒流畅，气象万千，其中二十多个"之"，千变万化，无一雷同，成为中国行书的绝代佳作，后人把它称为"天下第一行书"。相传王羲之后来又写了几遍，但都不及这一遍好。他曾感叹说："此神助耳，何吾能力致。"因此他自己也十分珍惜，把它作为传家之宝。唐太宗后来得到了《兰亭集序》。在他死后，《兰亭集序》被当作陪葬品埋进了昭陵。但乾陵周围的老百姓却有另外一种说法：《兰亭集序》不在昭陵，而是被武则天设法弄到手，如今就枕在武则天的头下边。这样就产生了《兰亭集序》下落之谜。

《兰亭集序》是王家的传家之宝，唐太宗是怎么得到的呢？东晋以后，《兰亭集序》为王羲之七世孙僧智永所有，智永临终前又交付给他的弟子辩才收藏。唐太宗在购求王羲之的遗作时，知道了《兰亭集序》的下落，但辩才矢口否认《兰亭集序》在他手中，只是说师父在世时他见过此物，师父去世后不知失落在什么地方。为此唐太宗征求左仆射房玄龄的意见，房玄龄建议说：监察御史萧翼是梁元帝的曾孙，智慧超人，可遣他出使越州(治所在今浙江绍兴)，智取《兰亭集序》。唐太宗召见萧翼，面授了使命。萧翼领受任务后带了几件王羲之的真迹，以书生身份前往越州。

萧翼于一天傍晚到了辩才所在寺院，见了辩才后自称是北方人，并说明到此的目的是为了销售蚕种。两人首先共谈文史，甚为投机。接着萧翼常来寺内与辩才共同下棋、赋诗、弹琴，友谊日益深厚。萧翼为了让辩才拿出《兰亭集序》，故意把话题转到书法上，说他保全有二王(王羲之、王献之父子)楷书，并于第二天带给辩才看。辩才看后也不甘示弱，声称手中有王羲之的佳作《兰亭集序》。萧翼故意使了个激将法：说数经乱离后真的《兰亭集序》早不知去向了，辩才手中的必是仿制的伪品。辩才为了证明自己不是信口开河，遂从屋梁上取出珍藏的《兰亭集序》，要萧翼观看。萧翼面对真迹，故意吹毛求疵地说是仿制品。两人各持己见，不能达成共识。自此以后辩才放松了戒心，不再把《兰亭集序》藏于梁上，而是把它和萧翼带来的二王真迹都放在几案上，每天临学数遍。

由于萧翼常常出入该寺，寺中的其他僧人也都不把萧翼视为外人，不加任何猜疑。有一天，辩才外出，萧翼单独前往辩才住处，对一个小和尚说他是来取回遗在这里的物件。小和尚遂为他开门，萧翼顺手拿起几案上的《兰亭集序》和自己从长安带来的二王真迹，扬长而去。萧翼来到永安驿，说明自己的身份和使命。当地都督齐善行派人找来辩才，萧翼向辩才表明了自己的身份，说是奉皇帝的命令来取《兰亭集序》，现在任务已完成，准备告别回京复命。辩才如雷击顶，昏倒在地，许久才苏醒过来，但也无可奈何。唐太宗得到了《兰亭集序》，喜悦异常，对萧翼加官晋级，给予丰厚的奖励。他将其视为神品，令当时的书法名家赵模、冯承素等人临摹数本，分赐给他的亲贵近臣。唐太宗生前对《兰亭集序》爱不释手，曾多次题跋，并且经常放在坐侧，朝夕览观。临终时唐太宗对太子（即后来的高宗）说："我死后，你只要把《兰亭集序》随葬，就是尽孝了。"于是唐高宗依照遗嘱，将《兰亭集序》用玉匣贮藏梓宫，葬入昭陵。

兰亭集序摹本

　　如果《兰亭集序》确是在昭陵抑或是枕在武则天的脑袋下边，还有重现于世的那一天。这两处陵墓现今还没有挖掘，只要把它们挖掘开来，谜底就可以揭晓。可是昭陵曾经遭受过温韬的盗挖，并传说《兰亭集序》重新流入了民间。欧阳修在他的《新五代史》卷四十《温韬传》中曾记载唐末温韬盗掘昭陵的事情：温韬于陵墓中发现"钟、王墨迹，纸墨如新"，于是"韬悉取之，随传人间"。关于温韬盗发昭陵，《兰亭集序》重新流入民间一事，阙名的《江南余载》和宋人周密《志密堂杂钞》亦有相似的记载。温韬盗发昭陵，《兰亭集序》是否幸免于难？或是被温韬盗发，流入人间。如真的流入人间，茫茫人世，又到底为何人所据有？这就进一步加深了《兰亭集序》下落之谜。也许真如乾陵周围的老百姓所说，《兰亭集序》为武则天所得，那么武则天怎样处理？是否真的带进自己的坟墓抑或传给后世？或者把它彻底地毁掉？史书对此都没有记载。既然史书没有记载，为什么乾陵周围的老百姓却说为武则天所得，他们的凭证又是什么？也许武则天得《兰亭集序》这件事仅仅是民间的传说，不足以信。可是《兰亭集序》真迹下落何处？这真的成了不解之谜。

三希法帖御藏之谜

　　乾隆皇帝是清朝受汉文化影响比较深的一位帝王，在书法和诗词方面有一定的造诣，尤其喜爱收藏名家书法，"三希"墨宝就是他藏品中最珍贵的一部分。可是"三希"墨宝是别人为了奉承他而主动献给他的，还是他通过巧取豪夺手段得来的？谁也说不清楚。

　　东晋"三王"——王羲之、王献之、王珣是我国著名的书法家，他们的作品《快雪时晴帖》、《中秋帖》、《伯远帖》则是名扬中外的稀世之宝。乾隆皇帝对"二王"的书法十分推崇，特地把得到的王羲之《快雪时请帖》、王献之《中秋帖》及王珣《伯远帖》收藏在故宫的养心殿内，"易其名曰'三希堂'以藏之"。"三希"指的就是这三件稀世的珍宝。乾隆皇帝是如何得到这三幅帖的呢？于是产生了乾隆皇帝得三希墨宝之谜。

　　《快雪时晴帖》是"书圣"王羲之所书的一封书札，纵23厘米，横14.8厘

三希堂法帖

米，行书四行，28字，它的内容是作者写他在大雪初晴时的愉快心情及对亲人的问候。此帖以"羲之顿首"四字行草开头，以"山阴张侯"行楷结尾。此帖笔法雍容古雅，圆浑妍媚，其中或行或楷，或流而止，或止而流，无一笔掉以轻心，无一字不表现出意致的流利秀美。乾隆皇帝对它推崇备至，称它是"天下无双，古今鲜对"。元代著名书画家赵孟頫曾称此帖为"天下第一法书"。现藏于台北故宫博物院。

《中秋帖》是王羲之第七子王献之的代表作，长28厘米，宽12厘米，草书尺牍。因原帖在"中秋"前有"十二月割至否"六个字，又被叫作《十二月帖》，后来这六个字被割失。该帖前后都有缺文，原来是5行32字，后来被割去2行10字，现有3行22字。原帖前有唐代大书法家褚遂良题签"大令《十二月帖》"六个字。帖中的字几乎笔笔相连，即使字不相连但体势相连，气脉贯通，被叫作"一笔书"。宋内府《宣和书谱》、明张丑《清河书画舫》、《清河见闻表》、《清河秘箧表》、汪砢玉《珊瑚网书跋》，清顾复《平生壮观》、卞永誉《式古堂书画汇考》、吴升《大观录》、内府《石渠宝笈·初篇》等书都有著录。现藏北京故宫博物院。

《伯远帖》是王羲之的族侄王珣的作品，墨迹纸本，行书。5行共47字，纵25.1厘米，横17.2厘米。原文为"珣顿首顿首，伯远胜业情期群从之宝。自以羸患，志在优游。始获此出意不克申。分别如昨永为畴古。远隔岭峤，不相瞻临"。此帖是王珣致亲友的一封书函，可能以短颖硬毫为之，故笔画瘦劲，转折也锋芒较露，多有侧锋笔意，结体开朗中寓严谨，以敧侧取势，俊逸而流畅。因不是勾摹复制，所以气息舒展自然，我们可以想象出当初作者临池挥毫时的自由松弛之状。北宋宣和内府曾收藏，明、清两代由董其昌、吴新宇、安岐等递藏，后入清内府。现藏北京故宫博物院。

在"三希"中，王羲之、王献之两人真迹已不复存世，《快雪时晴帖》经考证是唐朝摹本，《中秋帖》则可能为宋代米芾临本。这两帖是如何遗失以及从何人手里遗失的，现在都找不到具体的记载，皆成为一个谜。唯独《伯远帖》是货真价实的晋朝真迹，是"三希"中唯一真正的"晋韵"，可以说是在丰富的书法艺术历史遗产中的头等宝贝了。

明朝灭亡后，许多宫殿旧藏流落到民间。清代康熙之后，便多次下诏搜讨。据清朝档案起居注记载："康熙十八年，国子监祭酒冯源济以王羲之《快雪时晴帖》墨迹二十四字，装成册页进献。"冯源济是什么人？为什么会有王羲之的《快雪时晴帖》？原来冯源济是收藏家冯铨的儿子，冯铨家境富有，并且在明末天启时依附奸臣魏珰。明被灭亡后，他投靠了清朝，照样得到重用，位居高职。雄厚的财力加上官高位显，为他能聚敛到价值极高的书画名迹提供了方便，在他聚敛的书画中就有王羲之的《快雪时晴帖》。但到他儿子冯源济时冯氏家族已经衰落，冯源济献出王羲之的《快雪时晴帖》是出于朝廷的压力还是想苟延仕途？或者还有另外的意图，现今只能是个谜了。

乾隆皇帝不仅诗文书画颇有造诣，而且对汉文化的习染在清代诸皇帝当中是不多见的。因此他对搜集前贤法书方面更加着意，故使不少历代名家墨宝被罗致到宫廷。"三希"墨宝中的《中秋帖》和《伯远帖》就是在这过程中进入内府的。关于乾隆皇帝是如何得到这两帖的？各人的说法不一。有的人说乾隆皇帝是靠巧取豪夺得到的，因为乾隆皇帝对书画几达痴迷的程度，在他在位时，为了得到书法名画，用的是指名献纳、酌情价购、抄没家产等手段。

当时的著名收藏家冯铨、孙承泽和梁清标的藏品就是通过以上某种方式转归内府的。而另一个清朝著名收藏家安岐死后，家道开始中落，他的后人为了生计，开始典卖书画，后来经过一个人的斡旋，安岐的大部分藏品都落入到了乾隆内府。安岐的藏品流入内府，具体经过已不得而知了，但总逃不脱乘人之危的嫌疑。乾隆皇帝也许就是在这个过程中得到了《伯远帖》和《中秋帖》。

另外也有人认为乾隆皇帝是通过献纳的方式得到《伯远帖》和《中秋帖》的。当时确实有些人迫于皇家的威势或者是为了逢迎讨好乾隆皇帝，从而把珍藏在家中的宝帖献上去，这也是很可能存在的事实。乾隆皇帝得宝，到底是靠巧取豪夺还是别人献上去的？谁也说不清楚，只能是个谜了。

颜真卿《祭侄文稿》之谜

安史之乱是唐朝由盛变衰的转折点，带给人们无穷的苦难，颜真卿家族也在所难免。为了纪念惨死的侄子，颜真卿奋笔疾书，把满腔的悲愤融于方寸之纸，成就了书法史上的千古佳作——《祭侄文稿》。这是一篇任何人也无法复制的作品，包括颜真卿自己。

《祭侄文稿》为唐颜真卿所书，全名《祭侄赠赞善大夫季明文》。原作纸本，行草墨迹，纵28.8厘米，横75.5厘米，共234字（另有涂抹字30多个）。现藏台北故宫博物院。

颜真卿是唐朝京兆万年人，字清臣。祖籍华县孝悌里（今费县诸满村），生于陕西西安。开元年间中进士，并升迁任殿中侍御史，后来曾被降职为平原太守，故世称"颜平原"。安史之乱的时候，颜真卿抗贼有功，重新回到京城，历任吏部尚书，太子太师，并被封为鲁郡开国公，故又世称"颜鲁公"。德宗时，李希烈叛变，宰相卢杞衔故意怂恿皇帝派颜真卿前往劝谕，被李希烈拘留。面对李希烈的威逼利诱，颜真卿始终忠贞不屈，最后被缢杀。颜真卿家学渊博，工于尺牍；他学习著名书法家褚遂良、张旭的笔法，他的正楷端庄雄伟，气势开张，行书遒劲舒和，不同于古代的书法风格，自成一体，后来人们把他开创的体例叫作"颜体"。宋代的欧阳修对他的书法进行过评价："颜公书如忠臣烈士道德君子，其端庄尊重，人初见而畏之，然愈久而愈可爱也。其见宝于世者不必多，然虽多而不厌。"

唐玄宗天宝十二年（753），颜真卿为杨国忠所排挤，被降职为平原（今山东德州）太守。天宝十四年（755），安禄山、史思明在范阳（今北京南）起兵，著名的安史之乱开始。当时隶属中央的河北诸郡迅速瓦解，只有颜真卿的平原郡没有被击破。河北诸郡没有人敢公开起来对抗叛军，唯独颜真卿的平原郡高举大旗，起兵讨伐叛军。后来他被推选为盟军的首领。当时颜真卿的从兄常山（今河北正定）太守颜杲卿派他的第三个儿子颜季明与颜真卿联系，联合反叛。颜杲卿与长史袁履谦设计杀死安禄山党羽、镇守土门（今河北井陉）要塞的李钦凑，夺回了土门，并使得12个郡在同一天回归，一时形势开始好转。颜杲卿派长子颜泉明押送俘虏到长安报捷并请求救兵，不料路经太原时被太原节度使王承业截留。王想冒功，尽管手里握有重兵但并不派兵去救援。安禄山听说河北有变，派了史思明回兵常山。颜杲卿面对比自己多几倍的史思明军，在没有援军的情况下，孤军奋战了三日，最后由于粮尽矢绝，城破被俘。颜季明自始至终陪着父亲勇敢作战，城破之日，尽管身上伤痕累累，仍然顽强杀敌，直到被杀。颜季明被杀后只留下了头部，身躯不知到了什么地方。颜氏家族在这一仗中损失惨重，死去的总共有三十多人。颜杲卿被押解到洛阳，面对叛军首领，他仍然英勇不屈，先被折断一只脚，后来被凌迟处死，死状极为悲惨。颜真卿当时任蒲州太守，听到这个消息以后，立即派颜杲卿长子颜泉明到常山、洛阳一带寻找颜季明、颜杲卿的遗骸，搜寻结果只得到颜季明的头部和颜杲卿的部分尸骨。当遗骸运回京师，颜真卿悲愤异常。多年来的颠沛，朝廷奸臣的专权，国家的忧患，颜氏家族的"巢倾卵覆"的悲痛，白发人送黑发人的伤痛，霎时积盈心胸，于是颜真卿写下了这篇闻名的《祭侄文稿》。

颜季明是颜氏家族里面很有作为的青年，年少时才华就开始显露，并且他的德行在他的同龄人当中是佼佼者。颜真卿和他关系很融洽，对他寄予厚望，希望他将来能做官，为颜氏家族增光添彩，可想不到在战乱中身首异处，落得如此悲惨的下场。祭文开始书写的字，比较安稳、平稳，特别追忆侄子部分的字，看上去有一种美好的形象；到了后面，悲痛之时，写不下去了，文稿上圈了又改，改了又圈，到最后几个"呜呼哀哉……"几乎写不下去，可见十分悲恸。此帖不是作为书法作品来写的，而是一个草稿。在极度悲

颜真卿《祭侄文稿》

愤的情绪下书写，顾不得笔墨的工拙，故字随着书法家情绪起伏，纯粹是精神和平时工力的自然流露。所以使此幅字写得神采飞扬，笔势雄奇，姿态横生，得自然之妙，这在整个书法史上都是不多见的作品。元代鲜于枢评此帖为"天下第二行书"。在此帖真迹中，所有的渴笔和牵带的地方都历历可见，能让人看出行笔的过程和笔锋变换之妙，这样就产生了无比优美的艺术效果。《祭侄文稿》不仅具有书法上的美感，而且也是一篇极其感人的抒情散文，读起来令人感叹。

当我们现在面对这幅情感真挚、凝结着深仇大恨的泣血之作，仿佛看到的不是作者在写字，而是在述说心中的悲愤，不是在搞创作，而是在深情地自言自语倾诉，话说完了，作品也写完了，一篇任何人、包括颜真卿自己也永远不可复制的杰作就这样产生出来了。

《祭侄文稿》是一幅不遵循书法章法、在特殊状态下完成的作品，却成为杰出的书法名作，使人颇为思量。这与颜真卿的书艺积淀是分不开的，但与他写作时所处的悲愤状态也有莫大的关联。书法作品的艺术效果与作者的情绪状态到底存在着一种什么样的关系？ 能不能把它用量化来表达？ 看来也只能是个谜了。

《淳化阁帖》最善本流落海外之谜

《淳化阁帖》是流传至今年代最久远的一部丛帖，被誉为中国书法史上的"圣经"。初刻成时，《淳化阁帖》共有十卷，但在流传过程中逐渐散失，现在仅能看到四卷。《淳化阁帖》在民国以前的流传过程十分有序，但其后的流传过程就不得而知了。现在看到的四卷是从海外购来的。《淳化阁帖》民国以后是怎样流到国外的？ 现在国外还保存有多少卷？ 帖中保存的所谓王羲之作品，是不是王羲之的真迹？

《淳化阁帖》是流传至今年代最久远的一部丛帖，被誉为中国书法史上的"圣经"。《淳化阁帖》全名《淳化秘阁法帖》，或称《宫帖》，简称《阁帖》，是中国法书丛帖之祖。淳化三年（992），宋太宗命侍书王著把内府所藏自汉至唐名迹，用枣木板刻于禁中，摹刻为《淳化秘阁法帖》十卷。《阁帖》刻成后，内府用澄心堂纸、李廷珪墨拓印，从此即为丛帖始刻。《淳化阁帖》计十卷，第一卷为历代帝王法帖，第二至第四卷为历代名臣法帖，第五卷为诸家古法帖，第六卷至第八卷为王羲之书，第九卷至第十卷为王献之书。一共收集了中国宋朝以前103位历代帝王、名臣、书法大家的420帖墨迹。为什么叫《淳化秘阁法帖》？ 因为"淳化"是宋太宗的年号，表明了摹勒刊刻的时间；"秘

淳化阁帖

阁"是说明所收书法作品都出自皇宫秘阁；"法帖"是说这部丛帖足以作为学书的法则。

最初的《淳化阁帖》刻于枣木版上，宋太宗待拓成后把帖赏赐给亲王近臣，每人仅赐一本，不久停止赏赐，所以《淳化阁帖》在当时就十分珍贵。当时拓印的《淳化阁帖》数量极少，后原版又因为宫廷火灾而焚毁殆尽，《淳化阁帖》遂成绝版，传世的原版祖刻拓本只能是越来越少了。由于《淳化阁帖》收集的都是名家字迹，在北宋当时社会上也已很少见到，人们都十分喜欢它并渴望拥有它，所以《淳化阁帖》最初拓本一出来，便有许多地方加以翻刻。当时比较有名的有两家：一是山西绛州翻刻本，号称"绛帖"；另一是福建泉州翻刻本，号称"泉帖"。南宋时《淳化阁帖》的翻刻本更多，不仅有官方的，还有民间的，甚至一些大臣自己也翻刻，其中不乏精品。宋代的翻刻本已有30种以上，元、明、清的各种再翻本就不计其数了。翻刻本或粗或精，总都不如最初的拓本。尽管翻刻本不能与初刻本相提并论，但由于北宋距离我们现今的年代较为遥远，并且能够保全下来的祖本和有名的翻刻本都极为罕见，所以我们现在所说的《淳化阁帖》最善本，一般指的是北宋初刻的祖本或年代比较久远的有名的翻刻本。

2003年，上海博物馆花了450万美元从美国抢救回归《淳化阁帖》最善本的第四、六、七、八卷。第四、七、八为北宋祖刻本，第六卷是南宋泉州本的北宋祖本，其中第四卷是历代名臣法帖，其余的都是王羲之书。这些都是最早的善本，因此极为珍贵，无疑是公认的国家级瑰宝。上海博物馆是从海外购回《淳化阁帖》最善本的，那么《淳化阁帖》最善本是怎样流落到海外的？现今世上《淳化阁帖》最善本到底还存在多少卷？

原本《淳化阁帖》到元代已不见全套。著名书法大家赵孟頫记载他得到的《淳化阁帖》十本，已是几次拼凑而成的。明代许多学习书法的人都喜欢临习《淳化阁帖》，所以明中叶也有大量翻刻《淳化阁帖》的，最著名的是裴裴、潘允亮、顾从义和甘肃藩王府（俗称肃府）四家的翻刻本，其中以肃府本摹刻得最得宋拓本的原貌，但其中第九卷已经是用《泉帖》补配的。可见以明代藩王所藏，据说是明初分封为皇帝所赐的，尚且不能没有补配，那时宋代原刻原拓的稀有已可知了。《淳化阁帖》最善本是在流传过程中逐步散遗的，但它是如何递藏以及如何散遗？散遗了多少卷？史书都没有明确的记载，现在只能是个谜了。

上海博物馆所收藏的《淳化阁帖》最善本4卷到民国时流传都很有序：有北宋人的墨书跋语及印章，南宋时为王淮、贾似道等大家收藏，元朝被赵孟頫收藏，清代被大收藏家孙承泽、安岐、钱樾、李宗瀚、李瑞清等递藏，民国时为周湘云、蒋祖诒、吴普心等藏家递藏并有印记，后来就不知如何流传。直到20世纪80年代，《淳化阁帖》最善本的六、七、八卷又出现在香港的拍卖行，被美国籍的收藏家安思远先生拍得。除此三卷外，后来安思远先生又得到了宋刻本第四卷。自从知道《淳化阁帖》最善本的确切去向后，上海博物馆就多次托朋友们与安思远先生商洽，争取《淳化阁帖》回归，但因对方要价过高而未能成交。安思远先生后来受到年事高迈、健康下降、子嗣继承等问题的困扰，并且按照美国法律规定，安思远先生一旦出现问题，《淳化阁帖》很可能就被美国收归国有。为此，在安思远先生有生之年，用经济手段将《淳化阁帖》收回中国，是抢救国宝当务之急。此事经拍卖界提供线索，由一位热衷于文物回归人士联络，促成上海博物馆用450万美金购回。

《淳化阁帖》最善本中的4卷最终回归国内，但也留下了无尽的谜：民国初期，到底由何人通过何种途径把4卷《淳化阁帖》最善本带到国外？并且从民国初期到20世纪80年代这一段时间里，这《淳化阁帖》最善本4卷又到底归谁保管？《淳化阁帖》最善本在海外，是否就是现有的4卷？除此以外，还有人对《淳化阁帖》最善本中的第六、七、八卷是否是王羲之所书进行质疑，因为王羲之没有真迹留于世，在没法和真迹比较互证的前提下，如何断定就是王羲之所书？也许是后代人的临摹之作。这都是有待解决的谜。

荆公真迹归国之谜

《楞严经旨要》被认为是王安石唯一的传世作品，曾经在台北市和美国拍卖都没有成功，后被一香港人买去，并以交换的方式给了上海博物馆。如果是王安石的真迹，为什么当年在鉴赏名家云集的台北故宫博物院竟然没有一个人慧眼识宝？就算台北地方太小，但它在美国竟也拍卖不出去，难道偌大一个美国也无人识宝？

王安石（1021—1086），字介甫，号半山，抚州临川（今江西临川）人。北宋时著名的政治家、文学家。他考取进士后，曾任10多年的地方官，后入京任参知政事、同平章事（相当于宰相），主持变法。晚年封荆国公，世称王荆公，卒谥文。王安石精于诗文，博究经史，为唐宋散文八大家之一。列宁曾称他为"中国11世纪时的改革家"。

《楞严经旨要》为王安石去世前一年亲书：行书、纸本，纵29.9厘米，横119厘米。《楞严经》为唐般刺密帝译，共十卷。王安石摘录其中观世音发妙耳门，从闻思修。以"三十二应"随机变化，现身说法，获得"十四种无畏功德"一节。卷首录有此经全称："大佛顶如来密因修证

楞严经旨要

了义诸菩萨万行首楞严经"经名一行。卷后王蒙跋曰:"此一节,楞严经之法髓也。荆公暮年,深悟佛理,故特于是经提出而亲书之",故名此经为《楞严经旨要》。《楞严经旨要》卷末有王安石自题"余归锺山,道原假楞严本,手自校正,刻之寺中,时元丰八年(1085)四月十一日临川王安石稽首敬书"。卷后有南宋牟献之,元王蒙,明项元汴、周诗题跋,曾经元陈惟寅、明项元汴、曹溶、安岐鉴藏,明汪珂玉的《珊瑚纲书跋》、清卜文誉《式古堂书画汇考》、安岐《墨缘汇观》著录。现藏上海博物馆。

王安石的书法,在当时有很高的评价。《宣和书谱》记载王安石"凡作行字,率多淡墨疾书","美而不夭饶,秀而不枯瘁"。同时代的书法家黄庭坚也评价说:"荆公书法奇古,似晋宋间人笔墨。"纵观《楞严经旨要》,每个字仅如指尖,字体接近楷书而稍带行书笔意。墨色淡雅,点画清劲。通篇布局有"横风疾雨"之势,虽然行与行之间很紧密,少有空白的地方,但并无缭乱的感觉。如果仔细品味作者的用笔,看起来好像漫不经意,而闲和的韵味就在锋毫中露出来。从中可以看出王安石罢相后,生活处于一种安逸舒适的状态。关于王安石,人们往往更加关注他作为政治家、文学家的一面,忽略他作为书法家的另一面。王安石的书法作品传世的非常稀少,所以《楞严经旨要》成了不可多得的稀世之宝。

《楞严经旨要》是由香港著名收藏家王南屏先生于1986年捐献给上海博物馆的。在王南屏得到《楞严经旨要》之前,《楞严经旨要》是否是王安石的手迹,当时的许多人持否定的态度。《楞严经旨要》转手给王南屏先生之前是为周家所收藏,在近代被携带到台湾。当时周家想把它出让给台北故宫博物院,但台北故宫博物院拒绝收购,因为当时台北故宫在没有王安石的墨迹可作参证的情况下,没有人认为《楞严经旨要》是王安石的真迹。台北故宫博物院的鉴定对当时的周家产生了影响,他们也对此画的真伪产生了怀疑,于是请大画家张大千审鉴。张大千一看到《楞严经旨要》后便动了购买之心,打算以5万美元购进,但周家拒绝了。后来周家又将《楞严经旨要》携带到美国请朋友转售,也没有卖出,后辗转到了香港,才为王南屏先生购得。虽然王南屏先生得到了《楞严经旨要》,但是否是王安石的手迹,还没有一个权威的鉴定。《楞严经旨要》被确认为王安石的手迹,是在王南屏先生把它捐给上海博物馆的过程中。

1981年,著名的艺术大师谢稚柳先生到香港中文大学讲学,碰到了王南屏先生。王南屏先生提出一个交换条件——把他手中收藏的王安石《楞严经旨要》和《王文公文集》捐给上海博物馆,附加的条件是要把他留在上海家中的200件明清时期的书画带到香港。当时香港还没回归,要把这批文物运到香港,属于出境,手续比较麻烦。还有的问题就是:属于王安石的那两件文物是真迹还是赝品? 要运出境外的200件明清时期的书画里边精品数量有多少? 谢稚柳先生回来后,向当时的上海博物馆馆长沈之瑜和保管部主任马承源作了汇报,沈之瑜和马承源两位先生经过详细的考虑后,认为这件事行得通,于是委托谢稚柳先生对那两件文物真伪进行鉴定。另外的问题就是那200件明清时期的书画问题，由于王南屏的父亲曾经出让过73件珍贵文物给上海博物馆，所以其中的精品不会很多，王南屏200件明清书画出境的条件可以接受。

1984年，上海市文化局、上海市文管会为了把这两件文物迎接回来，联合向文化部写了《关于接受香港王南屏捐献宋代珍贵文物并允许落实政策的二百件明清书画运港的请示报告》。文化部接到上海方面的报告后，立即向国务院请示。当时的副总理谷牧接到报告后转给总理赵紫阳和副总理姚依林，最后审批通过。1985年2月，上海博物馆派人和上海海关人员一起把200件明清书画运到深圳，王南屏方面也派人到达，双方进行了手续的交接，然后把这两件文物带到了上海。不久上海博物馆又把《愣严经旨要》送往北京，经过大批专家的鉴定，确认为王安石的真迹。1986年3月，上海博物馆举行了国宝的捐赠仪式。这样，王安石的《愣严经旨要》终于被发现。

如果上海博物馆的《愣严经旨要》是王安石的真迹，为什么当年台北故宫博物院竟然没一个人发现？ 那里应该是鉴赏名家云集的地方，可是没一个人慧眼识宝？ 如果周家坚信《愣严经旨要》是王安石的真迹，又为什么要叫张大千审鉴？ 就算台北地方太小，有眼力的行家不多，但《愣严经旨要》竟在美国也抛售不出去，难道偌大一个美国也无人识宝？ 王安石的《愣严经旨要》在发现的同时，充满了谜团。

东坡手迹真假之谜

苏东坡不仅诗词造诣很高，在书法上的成就也很大。他的一幅书法作品曾经多次反复，一直确定不下来。从历朝一些皇帝、书法家、鉴赏家的印章、题识来看，作品是苏东坡的真迹无疑，但收藏这幅作品的人却一直认为自己买到的是赝品，是原手迹的第二层纸。那么，最好的第一层到哪里去了？

苏东坡（1036—1101），宋文学家、书画家。字子瞻，一字和仲，号东坡居士。眉州眉山（今四川眉山）人。年少时承母程氏亲自教授书法，十多岁便博通经史。宋仁宗嘉祐二年（1057）与弟弟苏辙中同榜进士，为当时的主考欧阳修所赏识。除文学外，他书法绘画等方面亦有很高成就，书法尤为别开一派的创始人，堪称北宋文化最高成就的代表。流传下来的书法手迹非常之少。

北平宝古斋的邱震生曾经得到过一幅苏东坡手迹，后来经过鉴定，认为是一幅赝品。为什么说是赝品呢？ 真的苏东坡手迹又到了哪里？要解开这些谜团，还得从邱震生如何得到苏东坡手迹说起。陈重远先生在《文物春秋》中写下了这段故事：苏东坡手迹一直深藏皇宫，在卷首上书写有"苏东坡真迹"几

苏 轼

个字。展开卷轴，在一大段空白纸后面是一位宋代人的题字，接着是元代人歌颂《真迹》的绪言，继而是乾隆皇帝亲笔书写的一篇考证和赞赏《真迹》的短文。后面是一连串的朱红图章印迹，这些印迹都是宋、元、明、清时代的一些皇帝、书法家、鉴赏收藏家的。随后才出现苏东坡的墨宝真迹，全是方寸大小的字迹，笔锋秀丽，潇洒雄劲，墨色浓淡适宜。《真迹》后面，有文徵明、倪云林的题跋和众多米红色的名家印迹。

1945年日本投降后，溥仪在长春的伪皇宫被抢被盗，苏东坡手迹流落到了民间。北平古董商李欣平和崇庆瑞花了二十两黄金从东北买了回来。他们打算转手给当时一位具有相当财力的商人岳彬，岳彬请了一位行家徐震伯鉴定苏东坡手迹，经过鉴定后认为手迹为描的，不是写的，所以买卖没有做成。李欣平和崇庆瑞继续在同行中找买主，他们瞄准了宝古斋的邱震生。邱震生拿起苏东坡手迹，把卷轴打开，发现此卷轴装裱讲究，字迹清楚，印色深浅也因年代的远近而有差异，题、跋、序的各家字体各具风格，符合作者字体，纸也是宋代的，无疑是皇家珍藏的传世国宝。最后双方经过讨价还价，以四十两黄金成交。徐震伯和邱震生同是笔采斋的第四代门人，听说苏东坡手迹事情后主动找上邱门，表达了自己对苏东坡手迹真假的质疑，但两人谁也没法说服谁。最后只好请时任国家文物鉴定委员会委员、书画鉴定家、笔采斋门系的苏庚春共同鉴定。在经过详细的考究之后，他们达成共识：真迹已经被揭走，这幅书法是原迹纸的第二层，照印迹临摹描绘的。如果这幅书法是原迹纸的第二层，按照书画的常识，不应该算赝品，只能说是稍次于第一层的真迹；如果是在第二层上照印迹临摹描绘，新旧墨迹怎样做到一致？ 即使这个问题解决了，印的颜色深浅分年代有差异是绝对造不出来的。历朝一些皇帝、书法家、鉴藏家都认为是苏东坡的真迹，有他们的印章、题识为证。这些印章、题识似乎不会是假的。到底这幅苏东坡手迹是真的还是伪的呢？

邱震生自认买的不是真迹，把这幅书法一直深藏了十年。期间他自己从不对外张扬，如有外人愿出高价购买，总是说这是国宝，一般人买不起，并且从来秘不示人。1956年他担任北京文物事业同业公会主任委员，在社会主义改造高潮中，他带头参加公私合营，在合营的清产核资中，他拿出苏东坡手迹，向公方代表说明这幅字卷不是苏东坡真迹，是勾填临摹之作。这一举动受到了党和国家在《人民日报》上的赞扬。但邱震生在1956年把他手中那幅苏东坡手迹摹本上交国家后又转到何处保藏也没有明确的标示，现今这幅苏东坡手迹下落到何处也成了一个谜。

更使得苏东坡手迹真伪之谜变得扑朔迷离的是徐迟的文章。1956年4月12日著名报告文学家徐迟在《人民日报》上发表了长篇特写文章《真迹》，苏东坡手迹的事被人提了起来，说是在北平珍古斋裴姓古董商手里。徐迟的文章也给人留下了疑点：十年前，苏东坡手迹已经被宝古斋邱震生买走，十年后徐迟的文章为什么说是珍古斋裴某呢？而且当时琉璃厂没有珍古斋这家字号，也没有姓裴的古董商。陈重远先生曾经于1988年走访过邱震生，但邱震生却叫他去问写那篇文章的作者徐迟，结果是不得而知了。

　　如果说邱震生所献的是苏东坡的手迹原迹纸的第二层，那么最好的第一层到哪里去了？是商人出于牟利的目的还是另有他人出于某种利益而把苏东坡手迹剥离开来？第一层现在是否还存于世？如存于世，又在谁的手上？这也是一个谜。但我们不能忽视另外一个事实：从北洋政府时期根据清查故宫太监所记"赏溥杰单"而编《故宫已轶书画目》中查苏轼作品，没有苏东坡手迹。是《故宫已轶书画目》漏记了，还是此幅不是清末流出宫的？或者是当时的太监趁乱私吞，然后故意不把它记载于册，使无人能追究他的责任？苏东坡的手迹汇集了诸多的谜，要彻底地把它理清楚，不是一件容易的事情。

《游春图》年代争论之谜

　　目前存世最早的中国画山水卷轴自然要算是《游春图》了，一直传为隋代画家展子虔作，可是在宋画史、画论文献中并没有关于《游春图》的记载。如此有名的一幅画，为什么在最靠近隋的唐宋时代没有记载，而在稍后的明清时代才见于著录？《游春图》中究竟藏着哪些谜呢？

　　《游春图》传为隋代画家展子虔作，是我国发现的存世的山水卷轴画中最古的一幅，是展子虔的存世孤品。经著名收藏家张伯驹捐献，现藏在北京故宫博物院，堪称国宝。它生动地描绘了明媚春光下游人在山水间纵情游乐的神态。各种花树点满山野，桃红柳绿，相映成趣。山上有骑马的游人，水中有乘船的妇女，瀑布前有桥，远山近坡，层次显明。在色彩上，运用了浓重的青绿填色作为全画的主调，有勾无皴。这种浓重的青绿色调，正是春天自然景色的特征。这幅画不仅体现了隋代山水画臻于成熟的一面，也反映了早期山水画的风格面貌，被视为传世中国山水画开山之作。《游春图》画幅绢本设色，纵34厘米，横80.5厘米。该画原无款，宋徽宗题鉴"展子虔游春图"六字，定为展子虔所画。由于该画原无款，因此有的学者赞同宋徽宗的鉴定，有的学者则认为这幅画的作者是否是展子虔，值得商榷。

　　《游春图》在流传过程中十分有序：历经宋徽宗、贾似道，元仁宗鲁国大长公主祥哥剌吉，明严世嵩父子，清梁清标、安岐及乾隆内府收藏，并被著录于元《云烟过眼录》、明《玄览编》、清《清河书画舫》、《墨缘汇观》、《石渠宝笈续编》等书画要籍。但唐裴孝源的《贞观公私画史》所收的展子虔六卷作品和宋《宣和画谱》记载的北宋御府藏画中展子虔的20幅作品中都没有《游春图》，就是遍查唐宋画史、画论文献，并没有发现关于《游春图》的记载。

如此有名的一幅画，为什么在最靠近隋的唐、宋时代没有有关这幅画的记载，而在稍后的明清时代屡见于著录，颇使人怀疑。最早质疑画的真伪是元代周密的《云烟过眼录》，在书中曾两次提到这幅画，质疑画的真伪，但文字过于简少，并且不能具体指出疑点在什么地方。

1978年，傅熹年先生在《文物》第十一期上发表《关于展子虔〈游春图〉年代的探讨》，对《游春图》的年代问题进行了探讨。他从时代风格入手，抓住画中人物所戴的"幞头"、画中建筑物的"斗拱"、"鸱尾"，进行了详细的考证。在运用文献和考古材料的基础上，进行了比较，最后指出画中幞头"巾子直立，不分瓣，脑后二脚行长，微弯，斜翘向外"的形象比较接近晚唐的特点，从这个方面可以断定其上限不会超过晚唐。就斗拱的特点而言，其补间铺作与柱头铺作的做法，是晚唐以后才出现，与隋制相差很远。就鸱尾的形式而论，《游春图》中的鸱尾与北魏至唐中期的鸱尾特点不合，却和《瑞应图》中的鸱尾很近似，也与《宋会要辑稿》和《营造法式》中所载情况一致，具有典型的北宋鸱尾特点。就此而论，《游春图》的上限恐怕难超过北宋。此文还就《游春图》的卷尾部分与唐李思训作的《江帆楼阁图》进行了比较，发现它们的构图和树石位置姿态有着惊人的相似，从而证明它们出于同一个底本，而这个底本在晚唐时就存在了。在鉴别时，傅熹年先生用的是通过人物服饰和建筑物的特点来确定画的真伪的分析方法。为什么这种方法行得通？因为前代人不能穿后代人的衣冠，不能住后代人建的房子，这是十分容易理解的道理。如果从这一方面来说，傅熹年先生对《游春图》的年代探讨是有道理的。

但并非所有人都赞成傅熹年先生的意见。1979年，张伯驹先生在《文物》第四期上发表了《关于展子虔〈游春图〉年代的一点浅见》，对傅文进行了存疑。他认为幞头的形制，在同一时代中，冠的样式是视各人的身份而有差异，并且《游春图》的人物，是属于山水画人物，只是点写，著录中亦云人马如豆，不能专画冠服，以幞头断为非隋画，可以存疑；关于建筑方面，由于空间地域的不同，建筑的形制是不一样的。并且《游春图》所描绘的地区，不能分辨具体在哪里，而这幅画也不是山水界画，如以描绘完整壁画的建筑，来与画中仅盈寸的建筑比拟，以为画非隋画的佐证，也是可以存疑的；关于《江帆楼阁图》和《游春图》同出于晚唐底本而传摹复制的问题，首先对底本的原本的年代进行了质疑，是否为隋画？接着指出传摹复制应当传真逼似，但为什么要掺入后代画法形象？最后就两幅画的画风进行了比较，指出《游春图》简单质朴，是画之发展尚未成熟时期，《江帆楼阁图》华丽繁复，是画之发展已将成熟时期，只能说展子虔向李思训发展，不能说李思训向展子虔发展，先后倒置。因此以《江帆楼阁图》来作《游春图》非隋画的佐证，亦似可以商量。在对傅文提出存疑的基础上，提出鉴定年代较远的古书画，只有依凭前人的观点。因为他们年代近，见者多，对他们的鉴别值得我们认真考虑。但《游春图》是否经过宋徽宗和侍从之臣的鉴别，当时的情况我们今日不得而知。在画前宋徽宗题"展子虔《游春图》"六字，不著朝代。从《大观录》的记载看，唐代以前的画，宋徽宗题签皆不著朝代，是否传摹复制之画，只有在对照研究的基础上，才能得出结论。最后肯定《游春图》是展子虔的作品。

除了傅熹年先生的意见和张伯驹先生的见解外，还有人提出了另一种想法：认为《游春图》是《宣和画谱》中著录的《挟弹游骑图》。

直到现在，关于《游春图》的作者和时代问题的见解还是不能统一。看来要揭开这个谜，只能通过进一步的研究和探讨了。

《历代帝王图》作者之谜

《历代帝王图》是一幅无款画，画上后人题识，认为是唐阎立本所画。根据阎立本的仕途以及作画经历，他确实具备画这幅画的条件。但后来有人根据古籍上的记载以及阎立本与北周武帝的关系，认为他不可能把自己的外祖父塑造成如此粗野蛮横的形象，并且写下不好的评论，这与当时的世俗不符。再根据《历代名画记》对北宋著名画家郎余令的记载，认为他更符合创作此画的条件。到底谁是《历代帝王图》的作者，至今人们还没有统一的答案。

《历代帝王图》又称《古代帝王图》，纵51.3厘米，横531厘米，绢本，重设色，无款。现藏美国波士顿博物馆。《历代帝王图》描绘了中国唐代以前自汉至隋间的13位帝王：汉昭帝刘弗陵、汉光武帝刘秀、魏文帝曹丕、吴大帝孙权、蜀昭烈帝刘备、晋武帝司马炎、陈文帝陈蒨、陈废帝陈伯宗、陈宣帝陈顼、陈后主陈叔宝、北周武帝宇文邕、隋文帝杨坚、隋炀帝杨广。帝王或行或坐，身后均有男女侍从。每位帝王旁均有榜书，有的还记叙其在位年代及对佛道的态度。画家既注意刻画作为封建统治者的共同特性和气质仪容，又根据每个帝王的政治作为，不同的环境命运，成功地塑造了个性突出的典型历史人物形象，体现了作者对这些帝王的评价。作品人物描绘精细，线条圆劲流畅，设色浓重，色调富丽典雅，为唐代绘画的代表作品。《历代帝王图》是一幅无款画，上面有后人题识为唐阎立本所画，

晋武帝司马炎

因此有的学者认为画的作者就是唐阎立本；有的学者则持反对意见，认为画的作者是唐郎余令。

认为《历代帝王图》是唐阎立本的作品，主要的依据是前人的题识和阎立本本人的经历。《历代帝王图》本无名款，北宋富弼始题识为唐阎立本所画。富弼题识后，这幅画由杨褒所有，接着转入吴升家，后为周必大的侄子收藏。这时的画上有周必大于南宋淳熙十五年的题识长文，文中有："笔势尤奇，绢亦特敝，是阎真迹无疑……"阎立本生活于初唐，在仕途上做官当到右相，并且曾经为唐太宗画过《步辇图》此类政治性题材的历史画，这就使得他具备了画《历代帝王图》此类题材的创作条件。据于这两个方面，《历代帝王图》长期以来就被认为是初唐画家阎立本的作品。

有的学者则对《历代帝王图》为唐阎立本所作提出了质疑：北宋著名收藏家、鉴赏家米芾曾在他的《画史》一书中两次谈到《历代帝王图》："王球字夔玉，有两汉而下至隋古代帝王像，云形状有怪甚者，恨未见之，此可访为密阁物也。""王球夔玉家古帝王像，后一年，余于毕相孙仲荀处见白麻纸不装像。云杨褒尝摹去，乃夔玉所购，上有之美印记。"根据上面的记载，《历代帝王图》原是画在白麻纸上的，由宋代孙仲荀所收藏。王球所藏的那是杨褒（之美）摹自孙仲荀处的"白麻纸不装像制"，所谓"不装像"就是没有上彩的墨画。现存绢本就是杨褒在北宋嘉祐初年使人摹制上彩的，并由富弼于嘉祐五年（1060）开始题为阎立本所画。周必大为什么还要题识"是阎真迹无疑"？在周必大侄子收藏时，周必大根据卷后别人的题识和印缝有"之美"及"四世三公之家"两印，已经知道是杨褒的摹本，他在题识里特地抄录《画史》以上记述附在后面。既然知道是摹本，可能是为了维护购买者（他的侄子）的利益，才勉强说"是阎真迹无疑"。不仅题识是后人附会的，而且初唐以来也未见有阎立本曾画帝王图的记载。再说根据画面的具体情况来分析，也没有阎画的可能。阎立本的母亲是北周武帝的女儿清都公主，如果作画的是阎立本，他竟把自己的外祖父画得那么粗野蛮横，还题上"北周武帝宇文邕在位十八年，五帝共廿五年，毁灭佛法，无道"。这种举动可谓是做到了大义灭亲了，自然这在封建社会盛期的初唐是完全不可能的，所以原画也决不可能出自阎手。但根据绘画风格来考察，可以确定原稿是初唐作品无疑，不只是因为画中帝王像止于隋代，而且绘画风格与初唐同类作品极为相似。

这类标有具体帝王称号、在位年代及其作为的图像，一般都是士大夫阶层有所依据制作的图画。到北宋嘉祐年间已流传六百来年，不致毫无记载。因此探寻初唐什么人画过帝王图，而所画内容又与之相符，就有可能找到原画作者。根据现有资料，在初唐曾画过帝王图的仅知有郎余令，并见于《历代名画记》："郎余令有才名，工山水、古贤。为著作佐郎，撰自古帝王图，按据史传，想像风采，时称精妙。"郎余令的绘画才能在当时也是很著名的。《唐诗纪事》中说"余令善画，唐秘书省内落星石，薛稷画鹤，贺知章草书，余令凤，相传为四绝"。所以他不但精于山水、人物画，凤凰画也画得很好，与花鸟画家薛稷、书法家贺知章齐名。

郎余令所画的帝王图"时称精妙"，说明在当时就为人所称颂，是一幅知名的作品。所画的不是当代帝王写真，而是"按据史传，想象风采"所作的自古帝王像，画中每一位帝王均有榜书，有的还记述在位年代或对佛道的态度，以之与画上所表现的人物情态联系起来考察，正是"按据史传，想象风采"的作品。从这可以肯定这一摹本正是初唐"时称精妙"的郎余令所画自古帝王图。郎余令本身既是文学家，也是史学家且世代与隋唐宫廷有密切的联系，这些条件都能帮助他较好地完成这一卷历史人物的创作。

《历代帝王图》到底是出于何人之手？我们只有解决了这个问题，才能确定到底是唐朝人所写还是后来宋人的摹本。但在美术界，没有哪个人能找到确凿证据证明《历代帝王图》的作者是谁，关于唐写还是宋摹的争论还将继续下去，这是一个难解的谜。

《韩熙载夜宴图》真迹之谜

《韩熙载夜宴图》是国宝级名画，画的是当时寄寓南唐的名士韩熙载在家中夜宴的情况。作者一直都被认为是南唐的顾闳中，但画中屏风里的山水画所表现的"一角半边"的构图却是典型的南宋风格。画中故事的发展情节看起来似有矛盾，是这幅画的顺序排错了？还是原本不止现在这个数量，被人剪接了？画中出现的两张床也很令人费思量，与主题并没有直接的关系，是不是在暗示人们什么？

中国的国宝级名画藏品中，有一幅画最著名，那就是《韩熙载夜宴图》。这幅画宽28.7厘米，长335.5厘米，系工笔着色画在质地薄而坚韧的绢子上，画的是当时寄寓在南唐的名士韩熙载在家中夜宴的一幅长卷。韩熙载，字叔言，五代时潍州北海（今山东潍坊）人，后唐同光年进士。后来他的父亲韩光嗣因犯事被皇亲李嗣源所杀，韩熙载逃亡到南唐。在南唐他遭到了后主李煜猜疑。为避嫌疑，韩熙载不问政事，一味蓄声妓，开国馆，交朋结友，每日沉湎声色犬马之中。李后主仍对他不放心，派画院待诏顾闳中到韩熙载家中窥探。回来后，顾闳中向李后主作了详细汇报，并凭借记忆将自己看到的韩熙载夜宴情景作了一幅长卷画。此画从立意到工笔到绢本都堪称当时一流，旷世流传，传为至宝。现藏故宫博物院。对于画的作者，有的学者认为是顾闳中，有的学者认为另有其人。

否认《夜宴图》是顾闳中真迹的学者们依据主要是画中屏风里的山水画具有典型南宋风格——"一角半边的图式"。因为"一角半边的图式"为南宋时

一〇七

著名画家马远、夏奎所创立，如果是南唐的作品，怎么会有这种风格？另外清朝顺治年间的著名收藏家孙承泽在他的《庚子销夏记》中说过："熙载夜宴图凡见数卷，大约南宋院中人笔。"这也可以是一个佐证。对于画中屏风的"一角半边的图式"，有的学者进行了这样的猜想：南宋与南唐都面临着北方的政治压力和军事威胁，于是南宋的院体画家在临摹《夜宴图》原作时，出于对韩熙载或者李后主的同情，以一种同病相怜的心态将画中屏风里原有的"南唐山水"换成了南宋山水，用这种"一角半边"图式所隐含的残山剩水情结来隐喻韩熙载那个年代所面临的危险处境，这是一种可能。

而另外一种可能是《夜宴图》原本就出自顾闳中之手，因为它具有清晰的流传轨迹以及特有的材料特征和风格特征。如果事实是这样，那么"一角半边"的山水图式可能不是马远、夏奎所独创，也不是南宋山水画特有的风格了，至少可以追溯到南唐或更早。或许在南唐形成的"一角半边"的山水图式在北宋被人们所推崇的巨然、李成和范宽等画家的大山大水所淹没，只是到了南宋，这种图式又被那些饱受失土之恨同时又多愁善感的画家们重新捡了起来并赋予时代的意义。学者们的这两种猜想都有一定的道理，可是无形当中就增加了辨别的困难。南唐的原本还是宋人的摹本？看来只能是"仁者见仁，智者见智"了。

我们再把目光放到这幅画上，也有很多疑点无法解释清楚。这是一幅共分五个部分的长卷，每一段画以屏风相隔，好像是一幅连环画。第一段描绘韩熙载在宴会进行中与众宾客共听乐伎演奏琵琶，众目集中在弹琵琶的手上，生动地表现了韩熙载和他的宾客们全神贯注，侧耳倾听的神态。第二段描绘韩熙载亲自为舞伎击鼓，其中还有一个令人发笑的尴尬和尚，众宾客以赞赏的神色注视着韩熙载的击鼓动作，人们似乎都陶醉在美妙的鼓声中。第三段是宴会后休息，韩熙载坐在床边，一边洗手，一边和几个女子谈话。第四段是换了便装，准备听众女乐伎演奏。韩熙载盘膝坐椅，像是在跟一个女子说话。另有5个女子做吹奏的准备。她们虽然坐在一排，但神情动作各不相同。第五段是韩熙载的宾客与众女谈笑的情景。这五段的场景依次可以概括为"听乐"、"观舞"、"休息"、"清吹"、"散宴"。在五段中，画家始终着力刻画韩熙载的形象，在五个不同场合中有各种表情和姿态，但他的形象又是统一的：头戴高高的纱帽，身材魁伟，长脸美髯，虽置身歌舞场中，却掩饰不住深沉含蓄、郁郁寡欢的内心情绪。据说南唐后主李煜看了这幅画后，深信韩熙载是个沉溺在宴乐中的人，不会对他构成威胁。

这幅画中故事情节发展的线索和一般的逻辑看起来是有矛盾的。按照画的顺序是"听乐"、"观舞"、"休息""清吹"、"散宴"，如果我们观察韩熙载在这过程中所穿的服

《韩熙载夜宴图》人物

饰，就发现里边有问题。最明显的是"清吹"这一节，韩熙载宽衣解带，神态极为随意，而另两位在场的官员则衣冠楚楚。作为一位朝廷的高官，怎么能在同僚或者门生面前如此暴露自己？或许这五幅画的顺序排错了？也有一种可能是原本不止五幅，而是更多。因为原作上有几处剪接的痕迹，可能在流传的过程中出现了损坏，有人把它重新装裱时调错了位置。但这都是猜测，谁也拿不出具体的证据来，无形中就成了一个谜。

还有就是在两个场景出现了两张床的问题。有的学者认为，在两个场景中出现的两张床与主题并无直接的关系，在构图上也未显得不可或缺，它们的作用远远不及那些屏风，但为什么还要出现？是否有某种暗示？最有意思的是画家笔下的两张床上的被褥都凌乱不堪，而且高高地隆起，这种情形与一般官员家庭整洁有序的生活相去甚远。还有从时间上看，夜宴发生的季节应该是不冷不热的五月或十月，这也比较符合南京地区的气候特征，画中人物的衣着和韩熙载时不时地手摇蒲扇就很能说明问题，而由此引申出的一个结论就是当时的被褥也不应该很厚重。事实上从画面描绘的红、绿两床被褥来看它们的确显得非常的轻薄，但高高隆起的轻薄被褥里究竟包裹着什么东西？值得怀疑。

最后就是《夜宴图》画卷世上到底保存有多少的问题。根据史书的记载，有好几家曾经临摹过《夜宴图》，如果能够把这些图找出来，和故宫博物院这一幅进行比较，上面的许多谜有希望得到揭开。我们只好寄希望于更多的《韩熙载夜宴图》出现了。

《五牛图》寓意之谜

《五牛图》是唐代著名画家韩滉唯一的传世名作。他是以传神之笔用五头状貌、姿态各异的牛的品性来表达内心为国为君的情感？或者是想表现陶弘景辞谢梁武帝征聘的故事，以此表达自己想要隐退的思想？也有人说，作者是把"问喘"的典故用画牛的方式表达出来，表示自己想当个辅助帝王的贤臣良将。《五牛图》，它的寓意到底是什么？

《五牛图》纸本设色，纵20.8厘米，横139.8厘米，是唐代韩滉目前唯一的传世名作。《五牛图》是目前所见最早作于纸上的绘画，纸质为麻料。韩滉（723—787），字太冲，长安（今陕西西安）人，曾做过两浙节度使、宰相等重要的官职，为人正直，生活俭朴，深受民众爱戴。他同时又是唐代中期杰出的风俗画家，尤其擅长画牛，画牛时能做到"曲尽其妙"。韩滉以其传神之笔描绘了五头状貌、姿态各异的牛：第一头为棕色老牛，似从路边咬了一口草，在细细咀嚼，同时又悠然地抻长脖子蹭痒；第二头为杂花牛，昂首向

《五牛图》局部

前望着，动作有些迟缓；第三头为深赤色花老黄牛，筋骨嶙峋，在"哞哞"叫着，似乎在呼唤同伴；第四头为黄牛，正举步前行，回头顾望，眼露惊奇，伸着舌头，喘着粗气；第五头为红牛，个性倔强，作凝神思索状。他从不同的角度表现了牛的生活形态和习性，造型生动，形象真切。本图无作者款印，本幅及尾纸上有赵孟頫，孙弘、项元汴、弘历、金农等十四家题记。

《五牛图》一经问世便负有盛名，在整个宋代，它一直被珍藏在皇宫内苑。金兵进犯，宋高宗赵构在兵荒马乱中仓皇南渡也没有忘记带走这幅名画。此图元朝初年为赵伯昂所收藏，不久就归大书画家赵孟頫，明代项元汴也曾一度拥有。清乾隆年间，从民间搜集到宫中珍藏。1900年，八国联军抢劫北京，《五牛图》被劫出国外。1950年初，周恩来总理收到一位香港爱国人士的来信，说《五牛图》近日在香港露面，并将被拍卖，他本想买下来献给祖国，但是画的主人要价10万港元，他无力购买，心急如焚，希望政府能出资收回国宝。在周恩来的批示下，文化部组织专家赴港，最终以6万港元买下，并拨故宫博物院收藏。

韩滉创作的《五牛图》，仅仅是单纯地描写动物，还是另有所指，对此是"仁者见仁，智者见智"。于是产生了韩滉创作意图之谜。有人在研究《五牛图》后认为：此作品并不是单纯的动物画，而是有深刻内涵寓于其中。韩滉画五头牛以比喻自己兄弟五人，以任重而顺的牛的品性表达自我内心为国为群的情感，是以物寄情的典型之作。由于韩滉曾提出"营田积粟"的主张，并且建议朝廷采用"且战且耕"的办法对付吐蕃、回纥的军事入侵，在任职宰相期间，注重农业发展。有人根据此认为此图可能含有鼓励农耕的意义。唐代已开始使用曲辕犁作为耕作工具，而牛是其主要动力之一。当时唐代农业的发达，与牛耕技术的发展是分不开的。以牛入画，确有鼓励农耕的意义。

元代著名大书画家赵孟頫也对《五牛图》的创作意图进行了猜测，他于画后曾经再三题跋。关于他的猜测，我们可以从他的题跋"昔梁武帝欲用陶弘景，弘景画二牛，一牛以金络首，一自放于水草之际。梁武叹其高致，不复强之，此图殆写其意云"看出，他认为画的是梁代陶弘景辞谢梁武帝征聘的典故。陶弘景生于世家望族，自幼受到良好的教育，17岁时就入南朝齐为官，任诸王侍读兼总记室，迁拜左卫殿中将军，后被皇帝调任"奉朝请"的职务，在朝廷任职20年。37岁这年，陶弘景拜表辞禄，入茅山修道。齐末曾帮助过萧衍，萧衍做了梁武帝后，想征调他做官，于是他画了一幅二牛图来拒绝。赵孟頫以宋太祖十一世孙的身份来出仕元朝，那种感觉可想而知，并且他也曾经产生过退隐的思想，所以看到《五牛图》后便联想到陶弘景，也合乎情理。

当图到了清帝乾隆手里的时候，他又作了另外一种揣测，可从他的题诗上知道："一牛络首四牛间，弘景高情想像间。舐龁讵惟诿曲首，要因问喘识民艰。""问喘"的典故出在《汉书·丙吉传》。汉代名宰相丙吉在路上，遇到杀人事件，他理也不理。后来看见一头牛在路边喘气，他立即停下来，问这头牛为什么喘气。有人后来问他，为什么关心牛命而不关心人命。丙吉说路上杀人，自有地方官吏去管，不必我去过问，而牛异常的喘气，就可能是发生了牛瘟，或者是其他有关民生疾苦的问题，地方官吏不大会注意，我当然就必须问个清楚。由于他细察垂询牛喘的事，于是名声流传，被称为好宰相。乾隆身为帝王，正处于大清盛世之际，自然希望得到贤臣良将的辅助，对陶弘景"出世"的做法肯定不赞成。韩滉是唐代的名宰相，并且和丙吉一样关心人民疾苦，所以乾隆看到《五牛图》，然后联想到汉代名宰相丙吉，便不难费解了。

《五牛图》只有一头牛有红绳络头，其余四头都没有，看起来有点像陶弘景的故事，但综观韩滉一生，一直是为国为民，毫无"出世"的念头。乾隆的揣测，颇有点"一厢情愿"的意思。但我们不得不佩服韩滉，给后人留下了一幅无限想象的画。要知道当初创作的动机何在，最好是问韩滉，可唐朝距今几百年，并且画家又已乘鹤西去，看来要揭开谜底，是遥遥无期了。

《五牛图》自香港买回时已是千疮百孔、体无完肤的一幅画，仅五头牛身上，便有大小洞蚀数百处，更有些地方画纸与托纸分离。于是故宫博物院把此画交给年逾古稀、身怀绝技的裱复组师傅孙承枝去修复。经过4个月的努力，孙师傅交出了一幅焕然一新的《五牛图》修复品。人们很难相信它就是那幅污垢遍布、孔洞比比皆是的原作。于是就有人质疑这幅经过修复的《五牛图》到底是原作还是赝品？如是原作，我们只好赞叹孙师傅的手艺了。

《清明上河图》创作之谜

北宋著名画家张择端的《清明上河图》，为我们真实地再现了北宋都城汴梁清明节这天汴河两岸从城郊到城内的繁华热闹景象，是一幅罕见的风俗画作品。长期以来，人们一直在争论，这幅画到底是张择端奉诏而作还是个人意志下完成的作品？从画面上很多细节来看，确实是当时现实环境的真实写照。但从张择端北宋翰林图画院宫廷画家的身份来看，他能否按照自己的意图独立完成此画？或许《清明上河图》就是为宋徽宗所作的瑞应图。那么，张择端是在怎样的状态下完成这幅画的？

《清明上河图》详尽地描绘了12世纪初期北宋都城汴梁（今河南开封）清明节这天汴河两岸从城郊到城内繁华热闹的景象。全画长528厘米，高24厘米的绢本，是我国绘画史上罕见的风俗画长卷。《清明上河图》不但是一件优秀的现实主义艺术品，而且具有重要的历史文献价值。画卷内容主要是由城郊、汴河、城内街市三个部分组成。画家以高度的现实主义手法和杰出的艺术才能，对这三个组成部分的各种景色、人物，都做了细微而生动的描写。《清明上河图》并无作者署名，但画后有金代张著的题跋，在此跋中明确了作者张择端及其生平。这是图中最早、也是仅有的在跋中有关作者的记载。因此我们一般认为作者是宋人张择端。《清明上河图》的作者为什么要创作这幅图？假定作者的确是张择端，那么这幅长卷究竟是张择端自己创作的还是宋徽宗的命题之作，这引起了众多学者的争论。

有些学者认为《清明上河图》是一幅相对独立的作品，它只是张择端个人意图的随意表达以及对于这座城市的理想描画。而更多的学者在比较了孟元老的《东京梦华录》、古代的北宋地图以及《清明上河图》中的具体细节，指出该图极为精确地画出了那个时代所有重要的城市标志，如城门、桥梁和运河系统，进而认为这张手卷如实描绘了1125年北宋为金所灭之前东京城的景象。

据记载张择端是北宋翰林图画院的宫廷画家。这类画家都要经受严格的专业训练并要忠心为宫廷服务。到了宋徽宗时期，画家们更被要求按照宋徽宗的意图精确画出一些他的委托任务，否则将被革职或永不得迁升。在当时那种环境下，张择端能否按照自己的意图独立完成此画，受到学者们的质疑。

更有的学者认为这是张择端为宋徽宗所作的瑞应图。宋徽宗在中国历史上以精于绘事而著名，从他的多幅传世作品以及宋代的画论中我们可以得知他偏爱于精细的写实风格并特别强调对自然的深入观察。然而容易为人所忽视的一面是，在徽宗的画中有这样一类作品，它们对于物象的描绘往往是真实细致的，而所要传达的意图却是诗意虚构的。像那种带有明显吉祥征兆、歌咏太平盛世的作品，史称"瑞应图"。这些瑞应图是不需要有客观事实为依据的。为什么宋徽宗需要这些"瑞应图"？宋徽宗是北宋的末期皇帝。宋哲宗死后，后继无人，本应由宋哲宗亲弟即位，但皇太后以"端王（宋徽宗即位前被封为端王）有福寿，且仁孝，不同诸王"为由力保宋徽宗当政。掌权后，并不是特别名正言顺的宋徽宗当然要显示出众多瑞兆以表明自己乃上天注定的真命天子。在他统治期间，王朝又常年遭受着持久的外敌入侵，并且被迫进行了一系列屈辱的政治妥协。为了维护皇权的尊贵与威严，宋徽宗颁布了许多公众节日以营造欢愉祥和的盛世气氛，特别着眼于绘事，上千张瑞应图以创造出一番吉瑞太平的视觉幻象。

基于这个基础，有的学者就认为《清明上河图》其实也是属于这类瑞应

《清明上河图》摹本

图之一种。它表面上是对东京汴梁城的如实描画，但实际上却是一种祥瑞的标志，它为宋徽宗的英明统治高声颂扬。而且《清明上河图》的卷尾结束得很突然，致使许多专家都认为原作有所缺失。加之明清两代的摹本中均有皇宫出现，所以遗失的部分中很可能包括宋代皇宫片段。如果真是这样，《清明上河图》就会更明确地体现出宋徽宗的影响。为了进一步证明《清明上河图》受宋徽宗的影响，有的学者从空间与视角方面进一步进行了论证：《清明上河图》展示的是繁华都市公共空间，凡至私人空间处皆巧妙遮掩，适可而止，令观赏者犹如一个俯瞰众生的审阅者，万般景象尽收眼底，心中难免有统摄全局的感觉。

《清明上河图》中的主体人物共有500余位，但细数之下，其中的女性仅占20位，绝大多数女性被排除在公共空间之外，这无疑暗示了艺术家的观念以及那个时代的传统。宋代实行男女隔离的政策，特别是理想的上层女性更应足不出户，守闺持家，她们很少能接触到家庭成员以外的男性，缠足的风俗也是从这个时候开始盛行。另一方面，《清明上河图》中出现的女性又大多与小孩儿或家务紧密联系在一起，在儒家思想里，母子关系是家庭和谐安宁的基础，敬母教子则是值得尊崇的礼仪。只有因孩子需要，女性与陌生人的接触才被看成是合理的。此外，虽然女性在社会关系中属于屈从地位，但她们反过来也是男性身份和地位的标志。《清明上河图》中却没有一个人身边单独伴有女性，除了说女性不应在公众场合抛头露面之外，我们还应考虑这幅作品的潜在读者。张择端是翰林图画院的画家，他所能接触的主要是上层官员。如果宋徽宗披图展卷，黎民众生没有理由不向至高者表现出他们的谦卑；如果宫廷大臣有幸观赏，那么他们也绝无机会借此图卷看到他家妻女。这也正符合宋徽宗的心态，深受儒家影响的他始终认为窥视他人隐私绝非雅事。张择端在画卷中则尽量避免刻画私人生活，着重选取街市场面，从而描绘了一个理想的商业都市景象。

《清明上河图》卷的大街上布满了各式阶层的人——达官贵人、工匠商贩、普通百姓——但他们都在儒教的社会礼仪之下和睦相处。孔夫子1500年前就指出不同地位的人要各得其所，不可互越雷池，淆乱等级，只有这样才可以算得上太平盛世，国泰民安。而张择端在画中很好地贯彻了这种思想，使笔下的人物各司其职，相安有序，也使当时或后来的观看者不禁赞叹这个盛世背后的最高统治者——宋徽宗。

学者们的意见仿佛都能自圆其说，但谁都不能说服谁。张择端为何要创作《清明上河图》，只能是个谜了。

《满江红》作者之谜

人们都知道，脍炙人口，流传千古的《满江红》词作者是宋代民族英雄岳飞。但是，近代已故学者余嘉锡在《四库提要辨证》中的《岳武穆遗文》条下，却对《满江红》的作者是否宋代的岳飞，提出了质疑。他认为，这首词最早见于明代嘉靖十五年（1536）徐阶编的《岳武穆遗文》。

在岳飞去世（1141）后，此词从不见于宋、元人的记载或题咏跋尾，突然出现于400年后的明代中叶，这不能不令人生疑。同时，徐阶是根据1502年浙江提学副使赵宽所书岳坟碑收录的，而赵宽对这首弥足珍贵的宋词之源流出处，却一无所言，这样，《满江红》也就来历不明了。再说，岳飞的儿子岳霖和孙子岳珂，不遗余力地搜求岳飞遗稿，但在他俩所编的《岳王家集》中，却没有收录这首《满江红》，31年后重刊此书时，仍未收入该词，岂不怪哉？据此，余嘉锡认为《满江红》可能不是岳飞所作，而是明代人的伪托。

余嘉锡的考辨，引起了海内外学者的注意。著名词学家夏承焘于1961年撰文表示赞同余嘉锡的看法，并就词中"驾长车踏破贺兰山缺"一句进行寻绎研究，补充余的论断。夏认为，贺兰山在今甘肃河套之西，南宋时属西夏，并非金国地盘。岳飞要率兵直捣的黄龙府，是在今吉林境内，"这首词若真出岳飞之手，不应方向乖背如此！"夏承焘进而考证：在明代，北方鞑靼族倒常取道贺兰山入侵甘、凉一带，明代弘治十一年（1498），明将王越曾在贺兰山抗击鞑靼，打了第一个大胜仗，因此，"踏破贺兰山缺"，"在明代中叶实在是一句抗战口号，在南宋是决不会有此的"。这首词出现于明代中叶，"正是作这首词的明代人说当时的地理形势和时代意识。"

1980年9月10日，台湾省《中国时报》发表孙述宇的文章，着重从词的内容和风格上提出质疑。孙认为《满江红》是一首激昂慷慨、英风飒飒的英雄诗，而岳飞的另一首词《小重山》却是那样的低徊宛转、失望惆怅，两者的格调和风格大相径庭，不像出于同一人笔端，因而也怀疑《满江红》为伪作。

针对上述论断，一些学者撰文提出不同看法，认为不能轻易怀疑《满江红》的真伪。理由是：

①贺兰山同"长安"、"天山"一类地名一样，可

岳 飞

用作比喻性的泛称，岳飞是把贺兰山当作黄龙府。1980年12月15日香港《大公报》发表苏信的文章，认为西夏与北宋向来都有战事，派范仲淹经略延安府，就是镇守边陲，防御西夏的。这种对峙局面直至真宗、仁宗贿赂求和，才暂告安定。岳飞对这一发生在50余年前的历史，当然十分熟悉。《满江红》一词提到的贺兰山，是借指敌境也未尝不可，不能简单地当作违背地理常识。

②一些作品湮没多年，历久始彰，在文学史上是有先例的。如唐末韦庄的《秦妇吟》，湮没900余年才看到全文。古来私人藏书，往往自视为珍宝，不欲宣泄外人，因而某些珍藏的典籍手稿尚未公之于世时，虽有人竭力寻访，亦不可能备载无遗。再者，岳飞遇害时，家存文稿全被查封没收，后来虽蒙准发还，也并不齐全。岳飞冤死后，秦桧及其余党继续执掌朝政数十年，岳飞作品难以在当时传诵。元朝又有其民族压抑的缘故，所以，直到明朝，岳飞的声誉才更加隆盛起来。因此，岳飞《满江红》词不见于宋、元人著录，直到明代中叶才出现并流传，也不足为怪。

③文学史上两种风格兼擅的作家很多。如苏东坡，既写过"大江东去"这样雄浑豪放的名篇，也写过"细看来不是杨花，点点是，离人泪"这样情调幽怨缠绵之作。不能以《满江红》与《小重山》词的风格不一致，就断定《满江红》非岳飞所作。

有人还结合词句，根据史实，考证出岳飞写《满江红》的具体时间。岳飞30岁（1133年）执掌军事，"因责任重大，身受殊荣，感动深切，乃作成此壮怀述志《满江红》词"。故词中有"三十功名尘与土"一句。岳飞从军后，南征北战，至30岁时，"计其行程，足逾八千里"，故词中有"八千里路云和月"一句。岳飞30岁时置守江州，"适逢秋季，当地多雨"，故词中有"潇潇雨歇"之句。因而推断出，《满江红》词是岳飞"表达其本人真实感受，于公元1133年（宋绍兴三年）秋季九月下旬作于九江"（李安《潇潇雨未歇——岳飞的〈满江红〉读后》，刊于1980年9月21日台湾省《中国时报》）。

《满江红》词究竟是否出于岳飞手笔？论者各抒己见，尚难定于一说。但即使是怀疑《满江红》为伪作者，也并没有抹杀这首词的价值和历史影响，都认为纵使不是岳飞所作，《满江红》也仍然值得流传下去。

《耕织图》流传之谜

在古代社会里，男耕女织是普遍的社会现象。人们经常绘制《耕织图》以鼓励农耕。中国古代《耕织图》以南宋临安于潜县令楼璹所作最为著名，影响最大，但现在连正本、副本都一起丢失了。到底是如何遗失的？谁也说不清楚。其他比较有名的还有刘松年本的《耕织图》。乾隆皇帝曾保留有很像刘松年笔迹的《耕织图》，但他却断然否定是刘松年手迹。那么，刘松年的《耕织图》到底流落何处？

我国古代耕织图的历史源远流长，其源流可追溯到战国。历经汉唐，至宋代开始由单一走向系列化，到元、明、清时期不断充实和发展。通过"描绘图尽其状，诗歌以尽其情"，构成了较完整地记录古代男耕女织的社会经济活动的连环画卷。

中国古代耕织图以南宋临安于潜县令楼璹所作最为著名，影响最大。原本已经找不到，我们现在只能通过一些后人的引证，间接窥知它的原貌。楼璹的耕织图共有耕图21幅，从"浸种"开始，历经"耕"、"耖"等，直到"入仓"为止；织图24幅，从"浴蚕"、"下蚕"开始，中间经过"采桑"、"择茧"、"缫丝"，到"剪帛"结束。每幅图都配以五言八句律诗，内容描绘农业生产的过程，也叙述了农民劳动的辛苦。当时楼璹绘成了正、副两卷，正卷绘成后进呈朝廷，副本留在家中。后来正、副本都失传了，但其诗保留了下来。正、副两卷是存在还是遗失？如果遗失，又是怎样遗失的？史书都没有记载，我们现在就不得而知了。

《耕织图》自宋以后各朝都有刊印，均以楼璹《耕织图》为祖本，相传不断。到南宋时，一个叫刘松年的向当时的皇帝宁宗进献了一幅自己所作的《耕织图》。元代夏文彦的《图绘宝鉴》卷四有这样的记载："刘松年，钱唐人，居清波门，俗称'暗门刘'。淳熙画院学生，绍熙年待诏。师称张敦礼，工画人物山水，神气精妙，名过于师。宁宗朝进《耕织图》，称旨，赐金带。院人中绝品也。"但刘本《耕织图》自那以后一直没人提起，直到清乾隆年间，画家蒋溥向朝廷呈进一种有"松年笔"的《蚕织图》，刘本《耕织图》才又被重新提起。起初乾隆皇帝信以为是刘松年的笔迹，并把它收录进《石渠宝笈》中。后来有人又呈进一幅《耕作图》，乾隆皇帝和原先的《蚕织图》进行比较，发现笔法相似，"纸幅长短、书篆体格无不合"，接着再在耕画后面发现姚式的题跋："《耕织图》二卷，文简程公曾孙启仪甫绘而篆之。"也在织画后面发现了赵子俊的题跋"每节小篆随斋手提"，再明显不过是程棨的作品（程棨，字仪甫，号随斋，安徽休宁人，南宋政治家程大昌的曾孙，生活年代大约在宋末元初），而且图内"松年笔"三个字，腕力很弱，上面也无印记，可能是后人听说刘松年曾经进献过《耕织图》，故意题上去的。最后乾隆把这两幅画定为是元代程棨模仿楼璹本临摹的一套《耕织图》，不是刘松年所作。

既然宋本的《耕织图》已经看不到了，那么元本也算很珍贵了，于是乾隆皇帝将两卷放在一个盒子里，收藏到圆明园贵织山堂，并令画院依照此图制成石刻：共耕图21幅，织图24幅，每图横长53厘米，纵高34厘米。各图右方放置画目，用篆书写原楼璹诗一首，旁边的释文用正楷小字。每图空处有乾隆皇帝用楼璹原韵加题的诗各一首，字体为行书体，刻成后陈列于多稼轩。

在1860年第二次鸦片战争中，圆明园被英法联军烧毁，程榮的那幅《耕织图》也被劫走，现存放在美国华盛顿弗利尔美术馆。该馆1973年出版的一本托家斯·劳顿编的《中国人物画》，其中就收有程榮《耕织图》的耕图和织图各二幅：

《雍正像耕织图册》之一浸种

程榮《耕织图》为水墨设色卷轴画，耕图长1034厘米，宽32.6厘米；织图长1249.3厘米，宽31.9厘米，所绘场景与楼《图》同。"耕图"卷首有乾隆皇帝的"题序"，卷后有赵子俊、姚式、仇运等人的"跋"；"织图"的卷首除有乾隆的"题序"（内容与耕图"题序"相似）外，还有蒋溥、赵子俊、范奇、仇运等6人的"跋"。楼璹的诗以篆书写在各场景之前，篆书右侧有小楷释文，并且还有乾隆为之题跋的五言诗。

程榮的《耕织图》石刻自从圆明园被焚烧后，遭受很大破坏，只有部分存留下来。民国初年被北洋政府总统徐世昌据为己有，镶嵌在私宅花园的墙壁上，直到1960年拆房时才将残留的刻石收归中国历史博物馆存藏。浩劫过后，现在只剩石23方，耕图部分有12方，完好的只有7方；织图有7方。另有3方已经完全不能辨识图形了。

元以后的《耕织图》，比较有名的是清康熙年间焦秉贞绘的。清朝康熙南巡，见到《耕织图诗》后，感慨于织女之寒、农夫之苦，传命内廷供奉焦秉贞在楼绘基础上，重新绘制，计有耕图和织图各23幅，并每幅制诗一章。焦绘耕织图令康熙皇帝龙颜大悦，在序首钤盖了"佩文斋"朱印，在序后钤盖了"康熙宸翰"阳文朱方大印和阴文"稽古右文之章"朱方大印，然后命令著名木刻家朱圭、梅裕凤镌版印制，颁赐给臣工。另外还有乾隆时冷枚（焦秉贞弟子、供奉内廷）、陈枚（画家、官内务府员外郎）等绘的《耕织图》。

元以后的《耕织图》都可以在史书记载中看到或者有实物保全下来，而刘松年本的《耕织图》始终是个谜，到底到哪里去了？清初人吴期贞在他的《书画记》中曾记载他在三处地方看到过被认为是刘松年画的《耕织图》，而《东图玄览》一书也记载"余杭方相卿家藏有刘本的《耕织图》"。于是有人怀疑乾隆对清宫藏的题有刘松年笔款的画判断存在问题，主要是乾隆皇帝是在没有看到原迹基础上下的判断，并且他也存在过判断失误的情况，他的判断能不能算是权威的结论？

另外在浙江和安徽一带流传的《耕织图》，都说是刘松年的摹本，为什么这些人不说是楼本《耕织图》而说是刘本《耕织图》？令人费解。刘本《耕织图》到底有没有流传下来？又传到谁的手里？这都是谜。

《雪景寒林图》受质疑之谜

　　《雪景寒林图》是一幅气势磅礴的山水巨作，是难得一见的山水画精品。画中题款"臣范宽制"却颇令人费解，而且在清朝收藏家的著录中并没有提到这个署名，从书法的角度来看，这四个字写得也不算高明。有人因此认为，《雪景寒林图》不是范宽的作品，而是"范派"的作品。但是《雪景寒林图》的绘画风格和传世的范宽真迹《溪山行旅图》完全是一家之笔，这是毋庸置疑的。那么，《雪景寒林图》到底是范宽自己的作品还是"范派"的作品？

　　现藏天津艺术博物馆的一轴署名范宽的宋代名画，绢本水墨，纵193.5厘米，横160.3厘米，是一幅古代优秀的山水画作品。此图画群峰屏立，山势高耸，深谷寒柯间，萧寺掩映；古木结林，板桥寒泉，流水从远方迂回而下，真实而生动地表现出秦陇山川雪后的磅礴气势。笔墨浓重润泽，皴擦多与渲染，层次分明而浑然一体，细密的雨点皴于苍劲挺拔的粗笔勾勒，表现出山石和枯木锐枝的质感。从此图可以体味到作者已不拘于刻形着物的风格，脱离真山真水，表达出一种写胸中块垒，传意中山水的倾向。画中的名款"臣范宽制"四字，隐于前景树干中，因年久字迹漫漶不易辨认。

　　长期以来，此图流传不明，只能从图上印章窥知一二。图上之印"御书之宝"方玺的印文和印色都具有宋代特点，可见宋代藏于宫中。从此至明代，不知流落何处。明末清初，被收藏家梁清标收藏，图上有"蕉林""蕉林收藏"方印两枚和"观其大略"白文一枚。其后见录于《墨缘汇观》，有"安氏仪周书画之章"、"思源堂"白文方印两枚和"麓印"朱文方印一枚。大概与此同时，押有"乾隆御书之宝"，说明此图曾被清宫收藏。在八国联军入侵北京时，又流落民间，被收藏家张翼购得。今有"潞河张翼藏书记"朱文方印和"文孚嗣守"白文方印两印。

　　《雪景寒林图》中的名款"臣范宽制"曾受到学者们的质疑：宋人郭若虚《图画见闻志》中说范宽名中正，字中（仲）立。性情温厚，所以当时人称他为"范宽"，可见宽是他的一个诨号。在中国书画史上以诨号落款甚为罕见，所以落款"臣范宽制"实是多余之举。另外范宽是一位在野的民间画家，一生没有入仕，也未曾以绘画侍奉过宫廷，那么在图中署"臣范宽制"就令人费解。如

《雪景寒林图》局部

果是皇帝闻到范宽的大名，叫范宽作画，范宽也不用躲躲闪闪地称臣，藏款也要藏到皇帝容易看得见的位置上。而躲在纹理斑驳、疤节累累的树丫间称臣，未免态度轻慢、有失严肃，是否可能有对封建君主不敬之嫌？并且这个至关重要的名款，清代鉴赏家安岐在《墨缘汇观》中未予记载。《雪景寒林图》是安氏珍爱的私藏，必然会进行反复的把玩观赏，似不会有未发现署款这类疏漏。也许有两种可能：一是安岐本人对名款持怀疑态度，未在著录中加以说明；二是该图在安岐入藏时还是无款之作，款乃后世托名所加。而且"臣范宽制"四字的书法不算高明，字的笔画恰与树干的皴笔相樛错，平正生拙的字盖在朴茂苍浑并有浓淡变化的墨迹之上显得极不协调。这是事前没有经过统盘考虑事后勉强入款所造成的。《雪景寒林图》虽然不是范宽作品，亦非后人伪作。因为《雪景寒林图》所表现的水平确实不是明清以后的作伪者所能达到的，它很可能是一幅被后人题名的范宽传派中较为出色的宋代山水画作品。

有的学者则持不同意见，坚持认为《雪景寒林图》就是范宽的作品。首先对宽是否是范宽的一个诨号作出了考证，认为是一个误传：北宋人米芾在《画史》里记载都用"范宽"，他不可能不知道范宽，所以并不以此为诨号。最有力的证明是来自范宽自己作品上的题名，米芾曾经在丹徒僧房里见到范宽的一轴山水，"于瀑水边题'华原范宽'，乃少年所作"。于是米芾"以一画易之，收以示鉴者"。米芾本身是大鉴赏家，相距年代不远，自然不会看走眼。因此范宽在自己的作品上题"范宽"，宽必是他的名，绝非他的诨号。所以说范宽性宽厚，只能说人如其名，不能说是因性而名。接着指出范宽在自己画上落"范宽款"不是孤例，因为被公认为范宽传世真迹的《溪山行旅图》，近来有台湾学者也在此图上发现了"范宽"的款字。《雪景寒林图》中的落款没被收藏家发现，跟颜色、落款地方有很大关系。落款与画的墨色相同，并且是在不被人注意的树干上，再经过岁月的洗礼，确实不易辨认。但这种落款的手法，正是宋代画家所惯用的。其次就画的风格和范宽传世的作品进行比较，《雪景寒林图》和众多画史记载的范宽作品风格还没有不符合的地方，和现存的范宽真迹《溪山行旅图》、《临流独坐图》等相较，当然是一家之笔，但也不是绝无区别。《雪景寒林图》的用笔，和《溪山行旅图》、《临流独坐图》相较，略显圆而中，这是一个画家不同时期用笔变化所致。这种画风符合了范宽晚年的风格，也可以作为范宽原作的证据之一。如果是伪作，岂能不注意方、圆笔？何况这样杰出的画作，必出于杰出的画家，北宋除范宽之外，很难再找出第二人。《雪景寒林图》风格、名款俱在，如果没有更充分的证据，目前不能轻易地否认是范宽的作品。

《雪景寒林图》被当作范派作品是为大家所公认的，但也无法排除它就是范宽自己作品的可能，也许是"范宽"还是"范派"的争论还将持续下去。

《富春山居图》流传之谜

《富春山居图》是一幅历经劫难后再重生的画作，很富有传奇色彩。开始时它的流传都很有序，但在很长一段时间内，这幅画的下落成了一个谜。《富春山居图》后来遭火烧，一分为二。虽然成了残卷，但它的名气确实太大了，后人仿作的也很多。乾隆皇帝曾收到两幅差不多的《富春山居图》，他却把真的视为赝品，而把赝品视为真迹。到底是乾隆皇帝的眼光有问题，抑或是另有他因？

《富春山居图》为元代黄公望所作。纸本水墨，纵33厘米，横639.9厘米，首、尾两段现分别藏浙江省博物馆和台北故宫博物馆。黄公望（1269—1354），平江常熟（今属江苏）人。本姓陆，名坚，后过继给浙江永嘉黄氏为义子，90岁的黄氏说："黄公，望子久矣。"因而得名黄公望，字子久，号一峰，又号大痴道人，晚号井西道人。元代中后期，黄公望、王蒙、吴镇、倪瓒四人，在山水画创作方面做出了重要贡献，以真山真水的现实描绘为起点，因此在绘画史上得到很高的评价，被称为"元季四大家"。至正七年（1347），年岁渐老的黄公望回归浙江省富阳县富春乡，同门师弟无用师同往。黄公望为无用师描绘富春山景色，到至正十年（1350）方完成，这就是《富春山居图》。当时黄公望已经82岁，是其传世最重要的作品。图中描绘的是黄氏晚年山居的景色，有春明村、庙山、大岭及富春江等一带的山川景致。画中有坡陀沙岸，房舍散聚，冈陵起伏，山势层层叠叠，林木交错。景物排列疏密有致，墨色浓淡干湿并用，极富于变化。皴画山石皆用披麻皴法，运笔时快时慢，线条有长有短且不平行排列，所以有巧妙的交错组合。《富春山居图》流传不是很有序，有一段时间不知为何人所藏，甚至多幅《富春山居图》并现于世，于是给后人留下了许多未解之谜。

《富春山居图》是黄公望为同门师弟无用师所作，无用师自然是此图的首位拥有者，他在图上留下了"无用师"印。自无用师后这幅画就不知为何人所收藏，直到成化年间（1465—1487）这幅画才重现于世。此时被人高价卖给书画家、鉴藏家、"吴门派"的创始人沈周。那么至正十年后到成化年间，这幅画到底是怎样流传的？如果知道那卖画给沈周的人从何人手里得到《富春山居图》，还可以略知一二，可是现在已无从查考。对这段空白的形成，我们可以进行这样的猜测：也许这幅画是被人有序地收藏，但是收藏的人忘了在上面题跋；或者是在上面题了跋，有人故意把这一段题跋毁去了。为什么要把这一段题跋毁掉，颇令人费解，也找不到一个合理的解释。这段空白是怎样形成的？现在成了一个谜。

　　自沈周以后，《富春山居图》几度易手。明万历二十四年（1596）为董其昌购得。董其昌甚为得意，于画上题跋后收入其专藏精品的"四源堂"。后来画不知通过何种途径流出董家，也不知落入何人的手中。清朝初年，《富春山居图》转入宜兴收藏家吴之矩手中。吴之矩传给儿子吴洪裕。吴洪裕酷爱无比，谨守家传，并特意建造了"富春轩"用来珍藏。他对此画喜爱之情到了朝夕不离的地步。所以在明、清易代的动荡岁月中，吴洪裕在逃避战乱时，唯独携带此卷，并打算以性命殉画。但吴洪裕并未因画而丧命，倒是在他生命垂危之际，竟然火焚此画为自己殉葬。万幸的是他的侄儿子文在旁，迅速地从火中抢出已着火的《富春山居图》，这幅名画才得以继续传世。可惜前段已经被部分焚毁。这样，画就遗憾地被分成了两段，以后300多年中两段画卷乃分别流传。

　　前段火烧坏部分，从吴之矩骑缝印处揭下一纸进行修补，去掉完全烧焦的残片，图形无重大影响的尚有1尺6寸。后来吴其贞得到后重新命名为《剩山图》，并钤有贞印。《剩山图》紧接后段完好的画面是富春江起始的丘陵山峦，清康熙八年（1669）归广陵王廷宾所有，有王的跋文题画。1938年被吴湖帆购得，吴氏考证为《富春山居图》前段真迹，重新装裱成卷，小面积残缺处有修补痕迹。新中国成立后被浙江省博物馆征藏。

　　后段连题跋长三丈余，是《富春山居图》卷的主体，多次在收藏家中转换。先归丹阳张范我，后转入泰兴季寓庸之手，再后则被画家兼鉴赏家高士奇于康熙二十九年（1690）前后以600金购得。后来又被松江王鸿绪以原价买进。雍正六年（1728）王俨斋病故，此卷又流落到扬州，市面上索价高达千金。当时有一个天津的盐商叫安岐，喜欢收藏书画，并且精于鉴赏，于雍正十三年前后购进了画卷。至乾隆十一年（1746）被嗜爱书画的乾隆皇帝收进清宫内府。乾隆皇帝擅长书画，精于赏鉴，因此对其爱不释手，将它归入内府的上等品中，并钤上"乾隆御览之宝"、"石渠宝笈"、"乾隆鉴赏"、"三稀堂清鉴玺"、"宜子孙"等五印。但出人意料的是，就在乾隆皇帝得到这幅名画的第二年，地方官吏又向皇帝呈送了一幅与真作一模一样的《富春山居图》。肯定有一幅是伪作，究竟哪一幅是伪作呢？乾隆皇帝经过仔细比较鉴定后，把第一幅定为真迹，后献的一幅定为赝品。由于赝品简直可以达到以假乱真的地步，乾隆皇帝把它们都收进了内府珍藏。当时并没有人对乾隆皇帝的鉴定结论提出异议。乾隆皇帝的鉴定结论维持了近200年，后来终于被近人吴湖帆所推翻，但从此又挑起了一场新的"富春公案"。经过美术界几十年来的争论，最终公认钤有乾隆皇帝印的为伪，地方官吏所献的反而为真，同时指出伪的亦具有很高的艺术价值。这里也有给人猜疑之处：为什么两幅画的真伪鉴定结论持续了这么长的

《富春山居图》局部

时间？乾隆皇帝当时是否已经意识到自己的错误，但为了维护皇帝的金口玉言，故意将错就错？或者当时已有大臣、鉴赏家知道真相，但迫于皇帝的威势，不敢直言？再有就是那幅赝品，究竟到底是出自何人之手？这都是不解之谜。这两幅画一直藏于清宫内府，清亡后仍藏故宫。解放前夕被国民党政权带去台湾，至今真伪二卷均藏于台北故宫博物院。

一条狭长的海峡，把《富春山居图》分隔两地，不知何时才能重新聚首。

《金山胜迹图》下落之谜

《金山胜迹图》曾被汪精卫收藏，但日寇也千方百计想把它弄到手。于是汪把它寄藏在独乐寺，后来为了安全起见，取回放到周佛海家里的地下室。《金山胜迹图》最终还是被日寇弄到手，可是到手的却是一幅赝品。那么，真迹到底到哪去了？是周佛海对画起了吞古之心，以假画换走了真画？还是汪精卫叫人收藏时狡兔三窟，把画藏在一个不知名的地方？

《金山胜迹图》是明唐寅的杰出作品。唐寅（1470—1523），字子畏，号伯虎，又号六如居士，桃花庵主，还有鲁国唐生、逃禅仙吏等，吴县（今江苏苏州）人。自幼刻苦学习，很有才华。弘治十一年（1498）为应天府第一名解元，自称"江南第一风流才子"。30岁时因科场案而连累入狱，不久被发往浙江为吏，曾游历匡庐、天台、武夷等名山，后来鬻画卖文，名重当时，与沈周、文徵明、仇英齐名，称"明四家"。《金山胜迹图》是他流传下来的山水画中的精品，生动地描绘了镇江金山上的寺塔亭桥，着色淡雅清俊，笔法工整细腻，展现了镇江金山的美丽风光。《金山胜迹图》曾落到汪精卫手里，后被日本人抢去。日本人经过详细的鉴定后，却发现是伪作，真迹不知流落到何处。

《金山胜迹图》曾被乾隆皇帝获得，后传到慈禧手里，为他们所深深钟爱。到清末，《金山胜迹图》一直都深藏在清朝宫廷里。1910年4月，身为反清同盟会会员的汪精卫，企图谋杀当时的摄政王载沣。东窗事发后，汪精卫被捕入狱。按照大清律例，汪精卫必死无疑。但碰巧这时爆发了武昌起义，清政府处于一片恐慌之中。载沣为了拉拢汪精卫，让他倒戈，便密奏当时当家的隆裕太后，希望通过送一幅名画给汪精卫，以达到收买的目的。隆裕太后在接见汪精卫时，便把唐寅的这幅《金山胜迹图》给了他。由于清廷大势已去，汪精卫并没有为它效力，而是揣着《金山胜迹图》和一南洋女子陈璧君结了婚。陈璧君对古玩比较感兴趣，婚后此图便一直由她保管。1912年两人客居在天津张一帆的公馆内，张一帆是陈璧君父亲的故交。后来张一帆从大连返回天津时，在塘沽码头遇刺，并死在手术台上。当汪精卫夫妇从医院返回张公馆时，发现张公馆已经遭到武装匪徒的打劫。幸好陈璧君有先见之明，把《金山胜迹图》放在天津郊区独乐寺一个叫愚山法师的经室内。这个法师与陈璧君有故交之情，《金山胜迹图》才得以幸免于难。

世上没有不透风的墙，《金山胜迹图》藏在独乐寺的消息不知怎么被日本人打探到了。日本人在1926年成立了一个由山本四太郎负责的"东方史馆"，这个史馆的任务主要是搜集中国文物的情报，而唐寅的《金山胜迹图》正是他们梦寐以求的东西，他们把此图在待搜寻的文物目录中列为"真迹008"。

汪精卫夫妇得知日本人对此画虎视眈眈，为了如何保全这幅古画终日坐卧不安。1940年1月，陈璧君化装成一位贵妇人，悄悄到独乐寺进香，并打算乘机取走《金山胜迹图》。日本人山本四太郎秘密探听到了消息，获悉陈璧君从独乐寺抬出的经箱里有《金山胜迹图》，并知道陈璧君打算乘天津开往上海的"海鸥号"，企图把宝图带走。山本四太郎在日本驻军的帮助下弄到了两条快艇。在海上经过一天一夜的颠簸，终于追上了"海鸥号"。十几个日军士兵强行登船搜查，经箱是发现了，而陈璧君不见踪影。经箱里没有什么《金山胜迹图》，山本四太郎知道自己上当受骗了。原来陈璧君也从内线得知山本四太郎的行踪，她采用声东击西的办法，坐的不是"海鸥号"，而是早两天的"富士号"，顺利地回到了南京。

回到南京后，陈璧君整天心神不定，决心改变藏画的地方，于是便想到周佛海家里的地下室。原来周佛海在修建自己的洋房时正是淞沪会战期间，他预感到中日之间将会有一场大战，于是特意在花坛下修建了一座坚固的地下室，抗战期间许多文人和政客都曾经在这里避难。陈璧君秘密来到周佛海家，提出了她的想法。这时她的身份是汪主席的太太，对正想往上爬的周佛海来说，正是求之不得的好事，便一口应承了下来。

山本四太郎从内线手里知道了陈璧君藏画于周佛海家的消息。由于周是当时南京政府的要员，明抢不太合适，并且地下室周围防备严密，只有用暗盗的方法。1941年1月，日本文部省和大藏省的官员访问南京伪政府，山本巧妙安排汪精卫夫妇和周佛海等人陪同考察，然后暗中调动特务，利用特制的切割器打开地下室，撬开保险柜，拿走了《金山胜迹图》。为了掩盖罪行，便四处浇上汽油，点火焚烧现场。

得到真迹的山本四太郎欣喜若狂，亲自押着宝图回到了日本。日本国内对山本的盗窃成功也是赞不绝口。但此时有一个叫加藤佐木的日本情报处官员对这幅画的墨色和纸质提出了疑问。

后经国内最好的古玩文物专家的鉴定，证明是出于高手的伪作。

日本的文物专家们都有一种被愚弄的感觉，而山本四太郎则被指责为"日本鉴古史上最愚蠢的妄动者"。山本四太郎不堪忍受重压，在一个夜晚跳海自杀，结束了罪恶的一生。

既然日本人拿到的是赝品，那么真迹又到了哪里？据说陈璧君在送画到周佛海府上前，为怕画有假，曾经叫原湖南长沙"宝斋堂"一个俞姓老先生进行过鉴定。这个俞姓老先生是汪精卫的老师，身怀绝技，有一手临摹古人山水画的技艺。为了不让祖国珍宝落入汉奸的手里，他连夜赶制了一幅摹品，并请一个顾姓裱画师帮忙装裱，然后把仿制品还给汪精卫。在周宅失火后，他带着真迹逃到镇江，后来就不知下落。有人说他是饿死在金山寺里。这段话就是那顾姓裱画师说的，他的话是真还是假，已经难以考证。如真是俞姓老先生带走真迹，后来又落到谁的手里？这是一个谜。

也许汪精卫从清宫里拿到手的本就不是什么真迹，当时的隆裕太后为了敷衍汪精卫，叫高手临摹了一幅《金山胜迹图》送给他，这也是可能存在的事实。或者是周佛海对画起了吞古之心，拿一幅假画换走了真画？他至死也没有说出这幅画的确切下落。还有就是陈璧君狡兔三窟，把画藏在一个不知名的地方？这些谜只有找到真迹后才能弄明白，否则就是死无对证。

《庐山罗汉图》散失之谜

《庐山罗汉图》是清朝一位官员为了还愿而出高价请人画的，共有200幅，后供奉于庐山栖贤寺。在连年的战火中逐步丢失，现在再也找不到它们的踪迹了。有人说，一个北洋军阀曾经强抢过几幅《庐山罗汉图》，抢去的那几幅到底是毁是留，不得而知。也有人曾看见外国游客在观看一幅图，很像是寺中丢失的《庐山罗汉图》，但到底是不是，谁也说不清楚。后来日本人又抢去了几幅，那几幅是不是还留在国外？

庐山博物馆所收藏的《庐山罗汉图》，亦叫《五百罗汉图》，是清代康熙年间浙江山水人物画家许从龙所作。当画完成时为200幅，一共500个罗汉形象，故称《五百罗汉图》。每幅长8尺，宽4尺，大罗汉大的达3尺多，小罗汉也有1尺多高。图中罗汉分布得当，层次感很强，并从各个方面表现了罗汉们的日常生活，最为令人叫绝的是500个罗汉竟无一雷同。现仅存112幅，另外的88幅曾分批遭到别人的偷盗和逼抢，后来不知流落何处。

《庐山罗汉图》是金世扬请许从龙所画。金世扬为奉天铁岭人，在清康熙初年，年少的他到庐山游玩，深深为江南的秀丽山水所迷醉。在游玩的过程中，他曾许下大愿：他日如果得志，必定以珍品酬谢山神。30年后，他仕途得意，出任苏州布政使。为了还当年的大愿，他不惜花费重金，请当时擅长画山水花鸟及佛道人物的许从龙以500罗汉为题材，创作《庐山罗汉图》。许从龙经过7年的努力，于康熙五十八年（1712）竣工。在这一年金世扬请来有经验的裱画师，把画裱好并装成轴，然后入箱加锁，最后贴上封条，亲自运往庐山。最终抵达庐山，

庐山罗汉图

并把《罗汉图》献给了栖贤寺，了却了心愿。栖贤寺也因为宝图的到来而香火更加兴盛，为了表示敬意，特意于寺内新建一座用于悬挂《庐山罗汉图》的罗汉堂。

《庐山罗汉图》保全在栖贤寺的罗汉堂，并不是一直相安无事，而是遭到别人的偷盗和逼抢，逐步丢失。1850年栖贤寺受到兵祸，70多幅罗汉图被盗，这是丢失最多的一次。偷盗者具体是何人，也不得而知，更不要说罗汉图的下落了。1911年，一个北洋军阀在游览庐山时，看到罗汉图后垂涎三尺，便借口家中缺少佛祖神像，要买5幅回家供奉，但被当时的主持婉言谢绝。那军阀并没有彻底死心，后来派人持枪到寺中强买去一幅。这一幅《庐山罗汉图》后来是被那军阀毁掉了，还是传给自家的后人，这都不得而知了。1935年，一个美国游人在庐山玉渊潭洗澡后，到栖贤寺歇脚，发现了罗汉堂中的《庐山罗汉图》，立刻为之倾倒，提出要买一幅回去作纪念，遭到寺中僧人的拒绝。过了不久，有一个美国人和一个香客不知什么原因发生了冲突，场面非常热闹，吸引了不少人前来围观。作为寺中的主持自然不能袖手旁观，便前去调解，废了好多的口舌才把众人劝散，但回到罗汉堂时却发现少了一幅《庐山罗汉图》。事后有进山的香客说看到在观音桥一带有几个外国人看一幅大小远看和《庐山罗汉图》差不多的画。到底那几个外国人在看的画是不是《庐山罗汉图》，现在谁也没办法考证。

1938年，江西省的九江县、星子县和庐山相继被侵华的日军占领。当时管辖栖贤寺的星子县的伪县长叫罗福初，为了讨日本人的欢心，于1940年带着卫队到栖贤寺，用枪逼着寺僧取走了3幅《庐山罗汉图》，然后送给了日本人。可能日本人知道这是珍贵的文物，又继续讨要《庐山罗汉图》。罗福初无奈只得再一次带队上栖贤寺索要图。这一次不再是一帆风顺，遭到寺中僧人的拼死抵抗，在枪杀了两名僧人后才勉强带走4幅《庐山罗汉图》。日本人的贪欲并没有在拿到7幅《庐山罗汉图》后遏止，而是继续逼迫罗福初，索要《庐山罗汉图》。罗福初哪敢再次涉足栖贤寺，便怂恿日本人到栖贤寺去抢图。1943年重阳这天，由罗福初作向导，100多个日军企图到栖贤寺去夺宝。当时留守在庐山的抗日游击队得到栖贤寺的报告后，立即集合了60多人，赶到了栖贤寺。由于日军还没到，遂决定在往庐山的路上堵截日军，他们最终选定了一个叫作阮家牌的地方，迅速占领了有利地形。等到日伪军进入包围后，立即开火射击，日伪军被打得措手不及。游击队员基本都是土生土长的，对当地的地形很熟悉，再加上得到当地老百姓的帮助，日军被打得狼狈不堪，只好往县城方向逃去。恼羞成怒的日军在途中把伪县长枪毙了，定的罪名是"私通八路"，也算是因果报应了。好勇斗狠的日军并没有就此罢休，回去后纠集了周边据点的士兵，多达数百人，然后气冲冲地往庐山进发，叫嚣要踏平栖贤寺，荡灭游击队。游击队在日军赶来之前，把挂在栖贤寺的《庐山罗汉图》全部装箱，放到大雄宝殿佛祖金身下莲花台中的暗室，并对藏宝处进行了伪装。一切办好后，把寺中的绝大部分僧众遣散，仅留下少数护寺，然后游击队躲进了庐山的深山老林。日军扑到寺中，一无所获，烧杀抢掠一番后扬长而去。

待日军走后，躲在附近的主持和众僧看到寺中起火，立即往寺里赶。主持和几名和尚冒着生命的危险，冲进寺里把装《庐山罗汉图》的箱子拖了出来，存放在寺庙后面的山石洞里，《罗汉图》才幸免于火灾。后来，《庐山罗汉图》就一直随寺里主持东躲西藏，直到1944年2月交给当时尚未沦陷的都昌境内的星子县政府。《庐山罗汉图》在随县政府流亡过程中及抗战胜利后，又丢失数幅。到1949年解放后，仅剩下了110幅。后来又从民间收回2幅，这就是今天放在庐山博物馆罗汉厅的112幅《庐山罗汉图》。

经过漫长的动乱后，那些遗失的《庐山罗汉图》不知是否仍旧存在世间？如果存在，那么又会落到谁的手里？这都是谜。

书　　籍

雕版印刷起源之谜

中国"四大发明"之一的雕版印刷术始于何时？千佛洞发现的《金刚经》似乎揭开了这个谜。《金刚经》印制精美，末尾题有"咸通九年四月十五日"等字样。咸通九年，即868年，为唐朝晚年。《金刚经》显示出当时的刊刻技术已达到高度成熟的水平。雕版印刷术起于何时，历来还有三种说法，分别是东汉说、隋朝说和五代说。由于有千佛洞发现的《金刚经》为实证，唐朝说最具说服力。如此重要的珍宝，怎么会藏在不列颠图书馆的呢？

19世纪的最后一个初夏，发生了一件令中外人士惊讶不已的事，这便是尘封约900年的甘肃敦煌莫高窟千佛洞面世了，莫高窟第十七号洞窟藏有大批经卷、文书等珍贵文物。其中的《金刚经》似乎昭示着它是我国最早的木刻本书籍。

前秦建元二年（366）的一天，乐僔和尚云游来到敦煌城西南三危山下，目睹夕照下的三危山金光万道，状似千佛，便缔造了第一个佛窟。后来者断断续续，开凿的石窟也越来越多。由于石窟是开建在沙漠的至高处，就取名为漠高窟，后来称作莫高窟。这些石窟内的彩塑、壁画逐渐增多，其雕塑、绘画艺术造诣极高，一直辉煌到10世纪末；当时，西夏攻入敦煌，为避兵灾战毁，敦煌各大寺院的图书被紧急聚积到莫高窟第十七号洞窟内，洞前还筑起了夹层复壁。而寺院僧众也弃走他乡，这些经卷等就悄无声息地保存在这里了。到了明朝，修筑了嘉峪关，弃守敦煌，这座丝绸之路上的绿洲名城就被历史的时光湮没无闻了。

清末，兵荒马乱，有一个湖北麻城籍的道士叫王圆箓的只身来到了莫高窟。王道士目不识丁，笃信宗教，把靠化缘和做道场得来的钱，请一个姓杨的人来抄写经卷。杨氏喜欢吸旱烟，吸烟时常用芨芨草来点燃。光绪二十六年（1900）的五月二十六日这天，杨氏抄写经卷时稍事休息，吸起旱烟后，照例将燃剩的草插在身后窟壁的裂缝中，这次余草较长，插进缝隙中竟然深不见底，他觉得有些奇怪，就拍拍窟壁，里面发出空空的回音。他就把这蹊跷事跟王道士嘀咕开来。天黑之后，王、杨两人神不知鬼不觉地忙活了起来。他们设法砸开墙壁，进入了一道小门，顿时复室里堆满的所有物件在他们面前一览无余了，有法器、经卷、文书、绣画等。这正是尘封约900年的甘肃敦煌莫高窟千佛洞。

当过兵的王道士，立即想到要报官，便择了个黄道吉日，挑了几幅他认得出的绣着水月观音像的画呈报敦煌县令严泽。严泽不置可否，正忙着自己离任的事。不久，新上任的县令汪宗翰看到前任留下的绢画，赶紧到千佛洞看了个明白，取了些经卷拓片之类的向上汇报了甘肃学台叶昌炽。叶昌炽对金石、版本、校勘均有造诣，于是建议将这些珍贵文物悉数运抵到省城兰州保管，不过，藩台衙门不愿花上五六千两银子来搬运这批古董宝贝。1904年，下了一道文，令王道士就地封存保管。王道士曾想上报慈禧太后，不过太后正忙着东躲西逃，弄不清御驾何在，也就只好打消了这个主意。

政府无能，外盗则猖獗。1905年10月，俄国人奥勃鲁切夫用六包日常用品从王道士等手中换取了两大包藏经洞写本。1907年5月26日，匈牙利人斯坦因用谎言骗取了王道士对宗教的一片痴心迷情，斯坦因说自己是西天取经的玄奘的弟子，这次千辛万苦东来取经，将带经卷返归原处。斯坦因翻检搬运了7天7夜，于是，24箱经卷写本和5箱画绣品及其他文物远走他乡，而40锭马蹄银留下来用作了新建、修饰寺庙塑像。1908年3月3日，法国人伯希和进入了藏经洞门，左挑右选了3个星期，最后花了50两银元宝换取了6000多卷写本和一些画卷，他把这20个左右的大木箱暂放在越南河内，见清政府无反应，就坦然地把这些盗宝运往巴黎。

1909年，罗振玉听到敦煌遗书的风声，应伯希和之邀，访谈得知原委，感到事态严重，就在《东方杂志》上发表了一篇文章《敦煌石室书目发现之原始》，披露了经卷被劫一事，举国哗然。有识之士找到学部，学部代理部长唐景贤以无力购买为由，推诿给京师大学堂。大学堂总监刘廷琛如法炮制。在罗振玉的激怒之下，刘廷琛才答允。1910年，国宝运送京都。这次搬运损耗不少。装载文物的官兵肆意践踏胡乱装放，附近乡民趁机哄抢愚昧破坏，沿途官绅雁过拔毛巧取豪夺，国宝到京城惨剩8679卷，其中残卷不少。

王道士偷偷留下了不少遗书，继续着他虔诚的破坏。1912年日本人太谷光瑞、1913年斯坦因、1914年俄国人奥登堡相继劫掠大量敦煌遗书，1924年美国人华尔纳用强胶剥离敦煌壁画。王道士忙着把492个洞窟修饰出216个，直到1931年他死时也无法明白自己的罪孽怎么也无法赎回。

1943年，向达实地考察，然后著文大力呼吁。次年，敦煌艺术研究院成立。

中国四大发明之一的雕版印刷术始于何时呢？千佛洞所发现的《金刚经》似乎揭开了这个谜。《金刚经》印制精美，末尾题有"咸通九年四月十五日"等字样。咸通九年，即868年，为唐朝晚年。《金刚经》显示出当时的刊刻技术已达到高度成熟的水平。雕版印刷术起于何时，历来还有三种说法，分别是东汉说、隋朝说、五代说，由于有了千佛洞所发现的《金刚经》为实证，唐朝说最具说服力。

隋人郑机首创东汉说。东汉桓帝延熹八年（165），山阴高平县人张俭得罪宦官侯览，被朝廷"刊章讨捕"，有人认为"刊章"是板榜，而人们普遍认为，"刊章"不过是用印章刊在封泥、布帛或纸上，算不上雕印。明人陆深首倡隋朝说。隋朝费长房所撰的《历代三宝记》里载开皇十三年（593）十二月八日，文帝下诏"废像遗经，悉令雕撰"，而《隋书》、《北史》等史料中亦有类似记载，但不见实物如《金刚经》这般明确显豁。持五代说者依据的是《旧五代史》中的一段记载，说后唐宰相冯道建议唐明宗下令刻印儒家九经，用了22年雕印完成，而如今因《金刚经》面世，五代刻印儒家九经只能表明它是我国历史上大规模长时间雕印书籍的开始。

《永乐大典》正本失踪之谜

《永乐大典》保存了大量我国14世纪以前的文艺、史地、哲学、宗教和应用科学等方面的丰富资料，既是中国文化遗产的瑰宝，也是世界文化宝库的珍品。《永乐大典》编纂完毕后，又重录过一部，为永乐正本。藏于南京文渊阁的《永乐大典》原稿本煨烬不存。嘉靖帝深爱《永乐大典》，决定重录。重录本与永乐正本的格式、装帧一致，称为"嘉靖钞本"或"副本"，藏于皇史宬，雍正时改藏翰林院。历经第二次鸦片战争、八国联军的劫毁，《永乐大典》几乎丧失殆尽。但这些屡遭灾难的是《永乐大典》副本，那么正本又在哪儿呢？

在20世纪末，中国社科院文学研究所研究员栾贵明公布了他30年的研究成果：《永乐大典》正本极可能仍存于世，存于北京十三陵中保存最好的永陵中。《永乐大典》正本失踪之谜又引起了世人极度的关注。

《永乐大典》编纂于明成祖朱棣永乐年间，这部大型百科全书保存了大量的我国14世纪以前的文艺、史地、哲学、宗教和应用科学等方面的丰富资料，远比西方的百科全书早300余年，《永乐大典》既是我国文化遗产中的瑰宝，也是世界文化宝库中的珍品。然而《永乐大典》的命运多蹇，历尽磨难和摧残。

由于《永乐大典》卷数浩繁，清钞完毕后，无法刊刻，当时只是重录过一部，不过缮写精妙，这便是人们常说的"永乐钞本"或"正本"，藏于明朝北京的文楼。明英宗正统十四年（1449），藏于南京文渊阁的《永乐大典》原稿本煨烬不存。明世宗嘉靖三十六年（1557），皇宫失火，深爱《永乐大典》的明世宗一夜连下三四道御旨，《永乐大典》在劫得逃。为免不测之虞，明世宗决定重录，重录工作进行了六年，至明穆宗隆庆元年才完成。重录时制定了严格的规章制度，重录本与永乐正本的格式装帧一致。重录本便是人们常说的"嘉靖钞本"或"副本"，藏于嘉靖十三年（1534）建造的皇史宬，雍正时改贮在翰林院。于是，《永乐大典》有了两个钞本。

在明清之际，由于管理不善，《永乐大典》副本亡佚 2000 余卷，清代乾隆年间开四库全书馆时加强了管理，失书明显减少。一俟《四库全书》修成，《永乐大典》似为多余之物，乏于严格的管理制度，迨至光绪二十年（1894）翁同龢入翰林院检查，发现只存书 800 册了！历经清咸丰十年（1860）的第二次鸦片战争、光绪二十六年（1900）八国联军的劫毁，《永乐大典》几乎丧失殆尽。这些屡遭灾难的属《永乐大典》副本，而《永乐大典》的正本又何去何从呢？

《永乐大典》全书 22877 卷，凡例、目录 60 卷，分装 10095 册，约 37000 多万字。这部上万卷的皇皇巨著，在重录之后，下落很是不明，确实让后人感到蹊跷。有关《永乐大典》正本的下落，历来就有三类说法。

第一类是被随葬说。

1957 年，在劳动改造思想的时候就关注《永乐大典》正本失踪之谜的钱钟书为栾贵明提出《永乐大典》正本失踪之谜的研究课题。栾贵明一做就是 30 年，其研究成果披露于世的就是被随葬说。就在 1986 年，中华书局编审张忱石著《永乐大典史话》中也表示这一说法。

在明成祖时，编纂好《永乐大典》；之后，明代的帝王中只有孝宗和世宗这两位很喜欢读书的皇帝常常阅读《永乐大典》。如孝宗曾把《永乐大典》中的医药秘方抄赐给太医院；世宗则更是喜爱《永乐大典》，在他的案头上常备着几册《永乐大典》，他按韵索览。而在明代，有这样的习俗，就是把死者生前所喜爱的书籍随葬。那么，这部《永乐大典》正本随葬于世宗永陵的可能性就很大了。现在所见到的永陵，其规模明显比明代其他的皇陵要大，是可以随葬《永乐大典》正本的。有一个值得费解的是，世宗嘉靖帝下葬后，隆庆帝不断褒奖了编撰儒臣，而关于这部皇皇巨著，公私书目和正史野史阙载，那么正本成了陪葬品的疑点很显得突出了。据《明实录》记载，从三月二十二日嘉靖帝下葬二十余日起，隆庆帝在不到两个月的时间里竟然连续褒奖《永乐大典》的编撰儒臣，四月十日嘉奖徐阶等十数名儒臣"同知经筵席"，四月十五日，又以"重录《永乐大典》成"为由，再行褒奖。而《明实录》对《永乐大典》正本藏处只字不提。不过，被随葬

明成祖朱棣

这一说法的证实与证伪只有借助于考古发掘了。

第二类是被烧毁说。至于被烧毁的时间，就存在两种看法。

一种认为，发生在明亡之际，李自成领导农民起义，肆意烧毁，《永乐大典》正本可能就毁于一旦。至明末清初，皇宫内外就有人疑窦丛生了。如明末宦官刘若愚在《酌中志》里提出："旧《永乐大典》二部，今又见贮于何处也？"明末清初的著名学者顾炎武在《日知录》里表示《永乐大典》正本"全部亡佚"。郭沫若也持此说法，在《重印永乐大典序》中说："从此正本与副本分藏于文渊阁与皇史宬。明亡之际，文渊阁被焚，正本可能毁于此时。"

另一种认为，清代初年《永乐大典》正本改贮乾清宫。嘉庆二年(1797)乾清宫发生过一场大火，《永乐大典》正本未能幸免于难。不过，就在乾隆年间，《永乐大典》正本的存在与否就值得怀疑。乾隆初编制的《天禄琳琅书目》里就没收《永乐大典》正本，而编制时是将宫中的善本集中于乾清宫旁的昭仁殿的。乾隆帝就曾赋诗表示过对不见《永乐大典》正本的无奈："《大典》犹看永乐传，搜罗颇见费心坚。简及释道欠精覆，久阅沧桑惜弗全。"

第三类是被藏在夹墙说。

明代的皇史宬是皇家档案库，专门存放《实录》、《圣训》、《玉牒》类。重录本藏于皇史宬。有人认为，《永乐大典》正本即藏在皇史宬的夹墙内，以备不测。皇史宬全砖石结构，抵防水火性能极强，而皇史宬大殿墙壁构造与其他建筑很不一般，它的东西墙厚度达3.5米，南北墙厚度达6.1米，这一奇特之处用意何在呢？将《永乐大典》正本秘藏在皇史宬的夹墙内，是有可能的。

曾经沧海难为水。不过，很值得欣慰的是，新中国成立后，新中国注重文化遗产，对《永乐大典》副本不断收集，并影印出版，功在当世，利在千秋。

《聊斋志异》手稿离合之谜

蒲松龄花了30余年写成490余篇流芳百世的《聊斋志异》。其著作手稿经蒲氏子孙装帧成四函，在家族中流传。后来却几经朋友出卖、权贵争夺，几经失落，四函只剩两函。直到1951年，蒲文珊却将《聊斋志异》整本手稿捐献给东北人民政府，稿本失而复得之谜才为世人所知。

蒲松龄(1640—1715)，字留仙、剑臣，世称聊斋先生，山东省淄川人。他整整花费了30余年写成了490余篇的聊斋故事，这就是流芳百世的《聊斋志异》。蒲松龄曾为后裔排了一个名谱："竹立一庭，尚国人英。文章先业，忠厚家身。"蒲松龄著作手稿不少，但传到蒲松龄七世孙蒲价人时，所剩不是很多，其中最完整的数《聊斋志异》。清朝同治年间，为了谋生，蒲价人离开祖居山东省淄博的蒲家庄，闯"关东"，在奉天府（今辽宁省沈阳市）落脚。在这次远行中，《聊斋志异》手稿受到加倍护理，随行的还有《聊斋杂记》（后来辽宁省图书馆定名）手稿和《聊斋行乐图》一卷。光绪初年，蒲价人把手稿重加装裱，装裱后的《聊斋志异》分四函八册，《聊斋杂记》二册。《聊斋行乐图》文物价值很高，很可惜被蒲松龄的一个第八世孙偷卖了。蒲价人恨自己教子无方，气恼得老泪纵横，自然对《聊斋志异》手稿看管得格外谨慎。临终时，蒲价人专门把儿子蒲英灏叫到床前，千叮咛万嘱咐后，把《聊斋志异》手稿托付给蒲英灏。可是在蒲英灏临终前把稿本交给其子蒲文珊时，仅剩两函。后来

蒲松龄画像

蒲文珊所保管的两函也不慎丢失。1951年，蒲文珊却能将《聊斋志异》手稿整本捐献给东北人民政府，稿本的失而复得之谜才为世人所知。

蒲英灏年少时读过不少书，知书达理，自然把父亲的话牢记在心上。但不幸的事情还是发生了：袁四从山东出来闯"关东"，积攒了几个钱，但就是不学好，爱上了抽烟土，又嗜酒，有了如此大瘾，生活也就每况愈下，到后来连妻子也不愿意同他过日子了。袁四自与蒲英灏认识后，就赖在蒲家混吃混喝。蒲英灏规劝、资助无效，而自己不过在奉天盛京将军依克唐阿手下做个小文书，薪俸微薄，一家老小过起日子本来就够拮据的，抵挡不住袁四的折腾。袁四反觉得蒲英灏不仁不义，眉头一皱，计上心来，就想法把蒲英灏家藏《聊斋志异》手稿本的事透漏给了依克唐阿，换得几个钱花。

依克唐阿充其量不过粗通文墨，一听到这个消息，飘飘然起来了，就提出借阅《聊斋志异》手稿本的要求，好显示他的文儒来，以提高自己在下属面前的身份与涵养。是祸躲不过。一个要保饭碗，一个死要面子。蒲英灏与妻子左思右想，最后，硬着头皮，借出了半部《聊斋志异》手稿，考虑着归还后再借另外半部。其时是光绪二十四年（1898）秋。

这一年，京城里发生了六君子事件，依克唐阿奉旨前往京城制裁维新运动，临行前没有归还他借去的半部手稿。第二年初，依克唐阿在京城一命呜呼（也有说依克唐阿死于八国联军侵华的时候）。随后发生的义和团（被诬为"拳匪"）运动，声势浩大，发展迅猛。蒲英灏奉命镇守西丰县，由于得罪了乡宦劣绅，被诬通"拳匪"，很快被罢官革职，寓居西丰镇。兵荒马乱之中，势单力微的蒲英灏向谁去催讨稿本呢？这半部《聊斋志异》手稿无法找寻，就走上了不归之路。就是这剩余的半部《聊斋志异》手稿在蒲英灏手上也险些不翼而飞。有一次，蒲英灏外出，他的一个儿子把它偷卖给了商务印书馆。蒲英灏得知后，恨得气不打一处来，便亲自赴商务印书馆好说歹说，急得老泪婆娑，赔偿了对方一笔损失，终于物归原主。稿本差一点全部遗失，家有不孝之子，使英灏加速了衰老，以至于一病不起。临终前他决定把剩下半部稿本交给小儿子文珊。

蒲文珊是蒲松龄的第九世孙，喜欢诗文书画，剩余的半部《聊斋志异》手

稿担在他的身上，当时蒲文珊正任西丰县图书馆馆长。

1931年春，蒲文珊应上司奉天省图书馆馆长袁金铠的主张，携剩余的半部《聊斋志异》手稿前行，与对方面谈选印事宜。两人谈妥后，将手稿寄存在奉天银行保管。不久，"九·一八"事变爆发，沈阳城沦陷，选印之事直到1933年夏才有下文，是为胶版影印本，选出有王士禛评语的14篇及刻印本未编入的10篇，共计24篇。

《聊斋志异》手稿选印出版了，蒲文珊的西丰县图书馆馆长一职不久也弄没了，还是这手稿的缘故。其时，袁金铠做上了"伪满"的国立奉天图书馆馆长，还是伪满洲帝国的一员参议；为了讨好主子日本人，他打起了《聊斋志异》手稿的主意，他与"伪满"奉天中央银行行长陈漱六沆瀣一气，由陈漱六出资购买，为此，蒲文珊回复如下："先祖遗墨，仅此稿幸存，虽有欲购者，但贫不卖书，古训昭然，又何忍负先世保存之苦心也。"袁金铠只好作罢。搁置了不少时日，蒲文珊才把手稿取回来，而他的西丰县图书馆馆长一职被解除了。

袁金铠还是不甘罢休。后来蒲文珊供职的康生医院遭到邻近的日本医院的指控，因为日本医院麻醉药丢失一事，这次康生医院的所有华人在狱中关押4个月。袁金铠已爬上了伪满洲帝国的尚书府大臣。袁金铠派了西丰县县长的儿子再续购买手稿，以此答应可以让蒲文珊早日出狱，可以等他出狱后办理手稿交接事宜。深明大义的蒲文珊一口回绝了。日本人逼迫紧严，蒲文珊以已送回山东老家为由予以拒绝。蒲文珊还曾到奉天找寻《聊斋行乐图》，未果而归。

这波渐息，下波又起。蒲文珊买了元宝沟屯的一个大烟鬼的薄田，收成太差，就贱价卖出了。没想到1948年初，刮挖浮财风时，大烟鬼以无法回赎自己的田地为由，抄了蒲家，等到做小学教员的蒲文珊夫妇回家一看，剩余的半部《聊斋志异》手稿也落难了，蒲文珊为此生了大病。

正当蒲文珊一筹莫展的时候，新中国建立了。西丰县政府的秘书长刘伯涛上门来告诉他找到《聊斋志异》手稿之事。刘伯涛到元宝沟屯检查工作时，发现农会里的旧书堆的两函《聊斋志异》手稿，为补全它，他再度到元宝沟屯查询，了解到另外二册的下落，半年后，被带往哈尔滨的女干部王慎之将二册手稿寄到了刘伯涛手里。当蒲文珊见到四函已装裱的《聊斋志异》手稿时，他完全接受刘伯涛的动员，把《聊斋志异》手稿捐献给国家保存。

《聊斋志异》版本以青柯亭本影响最大，为通行本，该本曾改过原稿中不少政治性的词语，后来发现的铸雪斋抄本是现存诸本中最不接近原稿的本子，擅改与妄改很多，而作者的手稿本的价值则非同一般了。国泰民安，书亦然。经历了两个多世纪风风雨雨的《聊斋志异》手稿安家辽宁省图书馆，学者据此进行了校勘，出版了最优秀的点校本《聊斋志异》。

列藏本《石头记》手稿回归之谜

《红楼梦》原名《石头记》，是中国著名的古典文学名著。《石头记》的最早抄本为戚（戚沪、戚宁）蒙（蒙府）三本，接着出现的是八十回初评整理本、即师大三本（怡府、北大二本与新近出现的北师大藏本的合称）和列藏本（即列宁格勒藏本），随后出现梦稿本、舒序本、梦觉底本、程甲底本、重评本。今天人们见到的1986年中华书局影印六卷本线装书和六册本精装书、平装书的列藏本《石头记》，说起来还有一段回归的故事。

1984年年末，正值北国冰封雪飘，中苏关系冻结许久，但毕竟冬天终将过去，春天的脚步悄悄地走来了，一股沁人的暖流正暗自传浮，这便是列宁格勒藏《石头记》的回归传递着早春的暖意。

《红楼梦》原名《石头记》，是我国久负盛名的古典名著，这无须赘言。《石头记》为现存最早抄本，如戚（戚沪、戚宁）蒙（蒙府）三本。接着出现的是八十回初评整理本，即师大三本（怡府、北大二本与新近出现的北师大藏本的合称）和列藏本（即列宁格勒藏本），随后出现梦稿本、舒序本、梦觉底本、程甲底本。最后是重评本，即1927年在上海所发现的甲戌抄本《脂砚斋重评石头记》。列藏本颇有价值，例如它属于八十回脂评本系统，其七十九回、八十回未分，它本均无此现象；在列藏本某些章回中，指示代词"这"写成"只"，这可供认识《红楼梦》初稿的原始面貌和当时的北京话。今天人们所能见到的1986年版的中华书局影印出版的六卷本线装书和六册本精装书、平装书的列藏本《石头记》，说起来还有一段回归故事。

1985年3月20日，中央负责古籍整理的领导李一氓赋诗一首，诗前撰有小语，其诗序并下：

"《石头记》清嘉道间钞本，道光中流入俄京，迄今已百五十年，不为世所知。去冬，周汝昌、冯其庸、李侃三同志亲往目验，认为颇有价值。顷其全书影本，由我驻苏大使馆托张致祥同志携回，喜而赋此。是当急谋付之影印，以飨世之治汉学者。一九八五年三月二十日　李一氓"

泪墨淋漓假亦真，红楼梦觉过来人。
瓦灯残醉传双玉，鼓担新钞叫九城。
价重一时倾城外，冰封万里识家门。
老夫无意评脂砚，先告西山黄叶村。

黄叶村在北京西郊，曹雪芹晚年在此著《石头记》。这里所提到的"道光中流入俄京"，时间在道光十二年（1832），曾随第十一届俄国传教团来华的大学

中华历代国宝之谜

读西厢

生库尔梁德夫将《石头记》传入俄京。李一氓所谓的"迄今已百五十年，不为世所知"，略有些夸大其词，其实，在1962年，该书被前苏联汉学家里弗京（汉名李福清）发现于前苏联科学院东方学研究所列宁格勒分所。1963年2月12日，中华全国文学艺术界联合会、中国作家协会、中华人民共和国文化部、故宫博物院联合主办"曹雪芹逝世二百周年纪念展览会"，当时的情形不允许也不可能使列藏本出现在展览会上。1964年第5期前苏联《亚非人民》杂志登载了前苏联两位汉学家里弗京和缅希科夫（汉名孟列夫）合撰的《长篇小说〈红楼梦〉的无名抄本》，顿时引起中国红学家的极其关注。1982年，台湾学者潘重规先行一步，在香港《明报月刊》上发表题为《列宁格勒藏本〈红楼梦〉考索》的文章。以上两文提到的《红楼梦》，名为《石头记》为妥。但真正跨出鉴定其版本价值和谈判影印出版这关键的一步的，是在1984年年末，这样算来，就是李一氓说的"迄今已百五十年"了。

1984年12月16日，受国务院、外交部、文化部的委派，在李一氓的直接领导和安排下，周汝昌、冯其庸、李侃三人成行，乘飞机前往前苏联鉴定列藏本的版本价值并与前苏联谈判争取取回胶卷合作出版事宜。冯其庸任组长。当时，周汝昌为人民文学出版社红学专家，冯其庸为文化部艺术研究院红楼梦研究所红学专家，李侃为中华书局总编辑。其实，在该年上半年，中国就把鉴定和谈判的日程提交给前苏联，而一直弄得有些"未有期"的悬念，拖到快年终了，就在于前苏联两位汉学家的断言在前，一旦鉴定出该书版本价值不够，苏方担心会见笑于国际学术界，所以，此行责任重大。

前苏联很重视这次行动。16日正午时分，三人在莫斯科机场受到了前苏联国家出版委员会委派的外事局副局长奥·李·别兹罗德内依、汉学家里弗京的欢迎与接待。同车路上，里弗京表示期待中方对列藏本的评价。次日夜半时分，前苏两位专员陪同中方三人乘列车赴往列宁格勒。快下午3点，终于见到列藏本，三人直看到5点天黑掌灯时。当晚，三人交换看法，统一观点，以便到时发表意见。19日下午3时10分，三人结束看书过程（前后阅读约5小时左右），冯其庸代表小组发言，明确肯定列藏本所用的是早期的一个好底本，抄定时间在乾嘉时期，值得影印，前苏联学者的发现与研究是具有贡献的。苏方很兴奋，很快直接谈妥合作出书事宜。

原拟于21日下午与前苏联出版委员会谈判，因前苏联国防部长去世影响，延期到24日下午3时。届时，前苏联出版委员会对我方初拟的《中国艺术研究院红楼梦研究所、苏联科学院东方学研究所列宁格勒分所联合整理〈石头记〉抄本，由中国中华书局影印出版协议书（草案）》所提的四点协议只做了一些微调。整个谈判取得完满成功。在圣诞夜，三人乘飞机返程。后经双方政府签字，使该协议生效。

影印出版前，还发生了两个小插曲。

一个是出在胶卷上。1985年初，胶卷由我驻苏大使馆托张致祥携回，但一查看，发现当时只拍了A面，只得追加补拍B面，最后又补上漏拍的18页。负责该书的中华书局责任编辑戴燕严格把关，确保这些零乱缺漏的胶卷做到万无一失，也保证如期影印出版。

另一个出在双方序言上。按照当时的协议要求，中苏共同整理列藏本，并由两国整理者为本影印本各自撰写一篇论述性的学术序言。李一氓指示序言为介绍性文字，3000字以内，由冯其庸执笔，周汝昌改定，后来事出有因，取该序时署名为中国艺术研究院红楼梦研究所。而苏方的序言由里弗京写定，洋洋洒洒3万余字，经坦诚交换看法后，里弗京完全同意压缩后的万字稿。

1985年12月12日，国务院古籍整理出版规划小组致信，指出这次列藏本的回归行动"对学术界特别是《红楼梦》研究做出了贡献"。

四库全书禁毁书之谜

《四库全书》囊括了中国古代的文化知识和学术成就，也是中华文明集大成的工程。可是经过学者的研究和考证，纷纷指出，这部"全书"并不全！除了任何人不能做到穷尽网罗天下的书籍这个因素外，还有不少人为的因素，即在编的过程中大兴文字狱。龚自珍《咏史》云："避席畏闻文字狱，著书都为稻粱谋。"显然是有感于文字狱的残酷及对文化的破坏而作。乾隆为什么一边修《四库全书》，一边实行文化专制？

好大喜功的乾隆帝的一生确实做了许多了不起的大事，为了体现他的文治武功，决定组织大量的人力、物力、财力编纂一部超越前人的大丛书。由于此书分经、史、子、集四大部类，故称《四库全书》。四库以下又分门别类，如经部分成《易》类、《书》类、《诗》类、《礼》类、《春秋》类、《孝经》类、《五经总义》类、《四书》类、《乐》类、《小学》类等十个门类。史部下设正史类、编年类、纪事本末类、别史类、杂史类、诏令奏议类、传记类、史钞类、载记类、时令类、地理类、职官类、政书类、目录类、史评类等15个门类。子部下设儒家类、兵家类、法家类、农家类、医家类、天文算法类、术数类、艺术类、谱录类、杂家类、类书类、小说家类、释家类、道家类等14个门类。集部下设楚辞类、别集类（个人的文集）、总集类（诗文的汇编或选编，如昭明太子的《文选》）、诗文评类、词曲类等五个门类。在有些门类下又细分小目，如史部传记类下分圣贤、名人、总录、杂录等目。以今日的学科分类法言之，则为经学、史学、哲学和文学。可以说《四库全书》囊括了中国古代的文化知识和学术成就，也是中华文明集大成的工程。可是经过学者们的研究和考证，纷纷指出：全书并不全！除了任何人不能做到穷尽地网罗天下的书籍这个因素以外，还有不少人为的因素，曾经一度是一个难解的谜。

在了解这些迷惑前先了解一些《四库全书》的编纂情况是必要的。编纂全书的第一步是要网罗天下的书籍。为使蒐罗齐全，乾隆曾多次下求书诏，如乾隆三十八年五月十七日诏曰："前经降旨，博采遗编，汇为四库全书，用昭石渠美备，并以嘉惠艺林。旋据浙江、江南督抚、及两淮盐政使等奏到购求呈送之书，已不下四五千种，并有称藏书家愿将所有旧书呈献者，固属踊跃奉公。尚未能深喻朕意，方今文治光昭，典籍大备，恐名山石室储蓄尚多，用是广为蒐罗，俾无遗佚，冀以阐微补阙。所有进到各遗书，并交总裁等，同《永乐大典》内现有各种详加核勘，分别刊钞。择其中罕见之书，有益于世道人心者，寿之枣梨，以广流传。"为了动员民间的藏书家献书，乾隆帝规定将所献之书经抄写后发还原主，并表彰献书百种以上的藏书家。各地购求和献进的书籍一般存放在文渊阁内，经四库馆臣写了提要后进呈乾隆帝阅鉴。乾隆帝亲自将各地所献之书决定为"应刻"、"应钞"和"存目"三类，应刻指除了编入全书外，还要刻版印刷，应钞即将书钞入全书，存目指将某书的书名和提要编入全书而不编入内容。四库馆设在文渊阁，四库馆臣的队伍庞大，由皇六子永瑢、皇八子永璇、皇十一子永瑆、大学士刘统勋、舒赫德、阿桂、于敏中等16人任正总裁，梁国治、曹秀先、刘墉、王杰等10人任副总裁，德保、庄存与等15人任总阅官，纪昀、陆锡熊等26人任总纂官。还有"武英殿提调官"、"总目协勘官"、"校勘测《永乐大典》纂修兼分校官"等各类官职，有姓名的官员总数在350人左右。

从乾隆三十七年（1772）开始，约经10年的努力，《四库全书》编成，其后缮钞工作又延续了数年。《四库全书》共抄写了七部（一说加上最初编就的正本共为八部），分别藏于文渊阁（在紫禁城内）、文源阁（在北京圆明园内）、文津阁（在河北承德避暑山庄内）、文溯阁（在沈阳故宫内）、文汇阁（在江苏江都）、文宗阁（在镇江金山寺内）、文澜阁（在杭州）。为了标明是皇家的收藏，还专门刻了藏书章，"文渊阁宝"，青白玉，方4寸，龙钮；"文源阁宝"，青白玉，方4寸，交龙钮；"文津阁宝"，青白玉，方3寸，龙钮；"文溯阁宝"，青白玉，方4寸，交龙钮。既然以上四阁有宝，另三阁也应该有藏书宝。文汇阁、文宗阁本《四库全书》毁于咸丰间战火，文源阁本毁于八国联军炮火。文津阁本现迁藏北京图书馆。文澜阁现为浙江省图书馆，文澜阁本曾有所毁坏，经人抄补，现藏浙江省图书馆。文溯阁现为辽宁省图书馆。文渊阁《四库全书》于1949年前运往台湾，现已大量影印发行。文渊阁本是七部《四库全书》中最精良的一部（实缺30卷，经部缺《四书大全》10卷、子部缺《天经或问》前集4卷、《天步真原》1卷、《天学会通》10卷、《邓子》1卷、《公孙龙子》1卷、《尹子》1卷、《鬼谷子》1卷，集部缺《李太白集补注》1卷）。就连专供乾隆皇帝阅读的文渊阁本也并不全，更何况其他诸本。这当然可以归因于编纂中的失误，或有被窃现象。

《四库全书》不全的真正原因是专制独裁的政治制度。在编修期间，清朝

又大兴文字狱，如乾隆三十九年十一月，借口
屈大均的诗词文章中有悖逆语，遂禁止将他的
著作编入，还刨毁了他的坟墓。四十三年连续
5起，山西学者王尔扬为作墓志铭，文中用了
"皇"字，被人告发，为山西巡抚逮捕严审。徐
述夔在《一柱楼》诗中有悖逆语，遂戮毁他及

四库全书

其儿子的尸体。沈德潜为徐述夔作传，也遭到
严惩，虽然已死，也要毁坏他的尸体。总之，文
字狱是很残酷的，有的被处死，有的被流放，有的沦为奴隶。所谓的"悖逆语"
大体上存在三种情况：一是明末清初的学者在他们的诗文中表达一定的反对满
族统治的情绪；二是有思念明朝的文句；三是在行文作诗时不避清朝的讳，如
皇、玄、烨、胤等字不能随便用，不能避开时需采用缺笔或加笔的方法。当然，
更多的情况是最高统治者的捕风捉影和牵强附会，如周亮工有"清风不识字，
何必乱翻书"的诗句，本来只是一种偶感：在夏日读书时，从窗中吹来的风
把正在读的书翻乱了。可是清朝最高统治者却以为在讥讽满族人不识字。龚自
珍《咏史》云："避席畏闻文字狱，著书都为稻粱谋。"显然是因有感于文字狱
的残酷性及其对文化的破坏性而作。

　　我们再来看毁书的实际情况。乾隆四十一年十一月十七日的上谕："第其
中有明季诸人书集，词意抵触本朝者，自当在销毁之例。节经各督抚呈进，并
敕馆臣详晰检阅，朕复于进到时亲加披览，觉有不可不为区别甄核者，如钱谦
益在明已居大位，又复身事本朝；而金堡、屈大均则又循迹缁流，均以不能死
节，靦颜苟活，乃托名胜国，妄肆狂狺。其人实不足齿，其书岂可复存！自应
逐细查明，概行毁弃，以励臣节，而正人心。"我们看到乾隆帝要毁书的理由
虽然说得冠冕堂皇，但是本质上就是出于维护清朝的统治，维护他至高无上的
尊严。其造成的结果却滑稽可笑、荒诞不经，恰同无知的村妇所为。乾隆三十
九年至四十七年，浙江曾进献书籍24次，但每次都有被查出要烧毁的书。据
《咫进斋丛书》所载的书目，第一次销毁144种，军机处奏准销毁的书749种，
浙江销毁的164种。抽毁书181种，又抽毁40种。内有钱谦益、沈德潜、龚
鼎孳、金堡的书5种。应毁的个人著作：钱谦益、金堡、王锡侯、陶煊、黎元
宽、殷宝山、鲁之裕、石卓槐、屈大均等，一律销毁，当然更不准编入，即使
已经编入的，也要抽毁。连明末清初的一些石刻，如触犯者，也要磨毁，被毁
石碑和摩崖石刻，山东有7种，山西有14种，被毁的古籍约有2000余种。为
了使这一文化专制政策落到实处，他和亲近的大臣开列了《禁毁书目》。

　　四库馆臣在完成了全书的编纂以后，还开列过《四库全书未收书目》。20
世纪90年代，分别由中华书局和山东齐鲁书社出版了《四库全书禁毁书》丛书
和《四库全书未收书》丛书，挽救了乾隆帝文化专制政策造成的损失。可是有
些被毁的孤本和手稿却已无法挽回，终成遗憾。